기독교문서선교회 (Christian Literature Center: 약칭 CLC)는 1941년 영국 콜체스터에서 켄 아담스에 의해 시작되었으며 국제 본부는 미국 필라델피아에 있습니다. 국제 CLC는 59개 나라에서 180개의 본부를 두고, 약 650여 명의 선교사들이 이동도서차량 40대를 이용하여 문서 보급에 힘쓰고 있으며 이메일 주문을 통해 130여 국으로 책을 공급하고 있습니다. 한국 CLC는 청교도적 복음주의 신학과 신앙서적을 출판하는 문서선교기관으로서, 한 영혼이라도 구원되길 소망하면서 주님이 오시는 그날까지 최선을 다할 것입니다.

추천사 1

이 상 명 박사
미주장로회신학대학교 총장

대한민국은 전 세계에서 가장 빠르게 늙고 있는 나라입니다.

2024년 고령 인구(65세 이상) 사상 첫 1000만 명 돌파, 2025년 초고령 사회(고령 인구가 전체의 20퍼센트 이상 차지) 첫 진입, 2039년 초고령 인구(80세 이상) 전체 인구의 10퍼센트 차지(2023년 통계청 자료).

한국 사회의 고령화 속도를 예시하는 지표입니다. 이 같은 추세라면 5년 후 한국 개신교인의 60세 이상 비율은 40퍼센트를 웃돌 것입니다. 50년 뒤면 청년 한 명당 노인 한 명을 부양해야 하는 암울한 시대가 도래합니다.

저출산 고령화 여파로 한국과 미국은 물론 전 세계가 '축소 사회'로 빠르게 변화되고 있습니다. 이러한 변화 속 교회는 사회보다 더 빨리 노화하고 있습니다. 고령화 문제는 사회적 이슈일뿐만 아니라 심각한 교회적 위기를 노정합니다. 이러한 추세에도 불구하고 한국 교회와 미주 지역 한인교회의 시니어 사역에 대한 관심은 상당히 부족하고 그 사역의 방향과 내용 또한 여전히 과거 방식을 답습하는

데에 머무르고 있습니다.

 이러한 때 이성희 목사님의 저서 『황금기 선교사로 살기』는 시니어 선교 사역의 전문성을 한 차원 끌어올릴 작품입니다. 나아가 우리 그리스도인의 '웰빙', '웰에이징', '웰다잉'을 위한 귀한 안내서이기도 합니다. 일선에서 물러나는 60세 이후에 30-40년을 더 살아야 하는 인생 후반전을 앞두거나 현재 살고 있는 그리스도인들에게 있어 '에이징'(age-ing)은 그리스도 안에서 보다 현명하고 사려 깊은 '세이징'(sage-ing)이 되어가는 과정입니다.

 인생 후반을 '황금기'로 규정하는 저자는 인생 후반을 가장 가치있고 행복하게 사는 비결이 열방을 향한 하나님의 선교에 참여하는 것임을 역설합니다. 전문직에 종사하다 은퇴하신 시니어들의 선교 지향적 소명과 사역자화는 자신을 더욱 젊게 만들고 교회공동체에 큰 활력을 불어넣을 것입니다.

 이제 시니어 사역은 시대적 소명이며 과제입니다. 이 책은 돌봄의 대상이 아닌 '액티브 시니어'(active senior)로서 하나님의 거룩한 선교적 부름에 전인적 헌신을 할 수 있도록 교회 시니어들에게 도전하고 그들을 초청합니다. 초고령화 세대로 빠르게 진입하고 있는 교회를 둘러싼 중대한 변화와 위기 앞에서 시니어를 사역의 주체로 거듭나게 하고 교회 견인의 차세대로 자리매김할 실제적 안내서로 이 책의 일독을 적극 권합니다.

추천사 2

이 순 창 목사
전 대한예수교장로회(통합측) 총회장

할렐루야!

사랑하고 존경하는 이성희 목사님의 책 『황금기 선교사로 살기』 출간을 진심으로 축하드립니다. 그동안 이 책을 출간하기 위해 하나님의 말씀 앞에 엎드려 오랜 시간 기도하며 선교지를 살피고 연구해 오신 이성희 목사님을 축복합니다.

수고와 헌신이 담겨 있는 이 책을 통하여 우리 KPCA(해외한인장로회)와 PCK(대한예수교장로회총회) 그리고 세계 교회는 다양한 선교 환경 속에서 새로운 선교 패러다임의 전환을 인식하고, 시니어 선교사의 확장된 사역 참여를 인정하며 긍정적이고 유의미한 선교 열매를 맺어가게 될 것입니다. 또한, 코로나 펜데믹 이후 영적 침체에 빠져 있는 모든 교회와 그리스도인들을 다시 일어서게 만드는 은혜의 출발점이 될 것을 확신합니다.

사람마다 인생의 황금기는 다를 수 있습니다. 어떤 사람은 화려하게 피어있는 꽃다운 20대를 황금기라 하고, 또 어떤 사람은 가장 왕성한 활동력으로 영향력을 발휘하는 40대를 황금기라고 합니다.

그런데 올해 105세가 되는 철학자 김형석 교수는 『백년을 살아보니』라는 자전적 에세이에서 "나는 60세가 되기 전에는 모든 면에서 미숙했다"고 고백하면서, 자신의 가장 큰 장수 비결은 은퇴 없이 계속 일하는 것이라고 하였으니 어쩌면 우리 인생의 황금기는 지금도 현재 진행형인 것 같습니다.

물론, 모든 일에는 끝이 있기 마련입니다. 영원할 것 같은 직장도 직분도 언젠가는 내려놓아야 할 순간이 있습니다. 하지만, 선교적 사명을 향한 하나님의 부르심에는 은퇴가 없습니다. 그러므로 우리는 호흡이 다하는 순간까지 복음 전파의 사명을 붙잡고 선교사의 마음으로 살아가야 하겠습니다.

"그리스도가 없는 모든 사람은 선교지이고, 그리스도가 있는 모든 사람은 선교사이다"라는 말처럼, 아직 끝나지 않은 인생의 후반부를 내 인생의 황금기로 인식하고 하나님께 기쁨으로 헌신할 수 있어야 하겠습니다. 비록 사회와 교회가 규정한 은퇴의 때를 지났다고 하여도, 하나님께 쓰임 받는 오늘이 바로 내 인생의 최고 황금기라는 것을 잊지 말아야 하겠습니다.

이제 우리 모든 교회는 "끌고 가는 선교"가 아니라 "함께 가는 선교"가 될 수 있도록 다양한 선교지와 교회 현장을 이해하고 존중하며 구체적으로 지원해야 합니다. 그런 면에서 황금기 선교사의 등장과 함께 학문적 이해와 구체적 선교 사례를 정리하고 있는 이 책은 참으로 시의적절하며 모든 교회에 큰 유익이 될 것입니다.

"닳아질지언정 녹슬지 않겠다"는 방지일 목사님의 말씀을 실천하는 황금기 선교사들의 등장으로 세계 교회는 대부흥의 역사를 재현하며 새로운 재도약의 초석을 마련하게 될 것입니다. 앞으로 이 책이 하나님의 크고 놀라운 일을 이루어가는 축복의 통로가 되기를 기원하며, 다시 한 번 『황금기 선교사로 살기』 출간을 진심으로 축하하고 축복합니다.

추천사 3

임 윤 택 박사
미주장로회신학대학교 박사원장

　복음을 위한 탐험가 이성희 박사는 전 세계를 두루 다니면서 다양한 경험을 한 디아스포라 탐험가입니다. 그의 최근 연구를 집대성한 『황금기 선교사로 살기』는 선교의 새로운 패러다임을 제시합니다. 『황금기 선교사로 살기』는 인생 후반기의 그리스도인들이 선교에 기여할 수 있는 방법을 탐구하는 책입니다.
　이 책은 변화하는 선교의 패러다임과 시니어 그리스도인들의 중요한 역할을 강조하며, 성경 인물들과 현대 사례를 통해 '황금기 선교사' 개념을 심도 있게 설명합니다. 인생 후반기를 맞은 그리스도인들에게 선교의 길을 제시하며, 그들의 경험과 지혜를 선교에 활용하는 방법을 탐구합니다. 성경적 인물들의 사례를 통해 황금기 선교의 개념을 심도 있게 설명하고, 다양한 현대적 사례를 통해 이 개념을 현실화합니다.
　'황금기 선교사'는 자신들의 전반부의 삶을 은퇴하고 새로운 인생 후반부의 삶을 타 문화권 선교를 위하여 살아가는 황금기 세대의 사람들을 말합니다. '황금기 선교사'란 은퇴 후에도 자녀나 다른 사람들의 도움을 받지 않고 자력으로 살 수 있는 사람들을 말합니다. 이 책은 선교에 대한 전통적인 견해를 넘어서 새로운 가능성을 모색하며, 모든 그리스도인이 선교의 부름을 받았음을 강조합니다.

『황금기 선교사로 살기』는 디아스포라 시니어 선교학에 관심 있는 모든 이들에게 영감을 주는 필독서입니다. 여러분을 복음을 위한 탐험가 모임에 초대합니다.

황금기 선교사로 살기

그리스도인의 행복한 후반전 인생

Living as a Golden Age Missionary
Written by Seong hee Lee
All rights reserved.
Korean Edition Copyright ⓒ 2023 by Christian Literature Center, Seoul, Korea

황금기 선교사로 살기
그리스도인의 행복한 후반전 인생

2024년 5월 1일 초판 발행

지 은 이 | 이성희

편　　집 | 진애란
디 자 인 | 이보래
펴 낸 곳 | (사)기독교문서선교회
등　　록 | 제16-25호(1980. 1. 18.)
주　　소 | 서울특별시 동대문구 천호대로71길 39
전　　화 | 02-586-8761~3(본사) 031-942-8761(영업부)
팩　　스 | 02-523-0131(본사) 031-942-8763(영업부)
이 메 일 | clckor@gmail.com
홈페이지 | www.clcbook.com
송금계좌 | 기업은행 073-000308-04-020 (사)기독교문서선교회
일련번호 | 2023-54

ISBN 978-89-341-2688-1(93239)

이 책의 출판권은 (사)기독교문서선교회가 소유합니다.
신저작권법에 의하여 한국 내에서 보호받는 저작물이므로 무단 전재와 무단 복제를 금합니다.

그리스도인의
행복한 후반전 인생

황금기 선교사로 살기

이성희 지음

CLC

목차

추천사
추천사 1 이상명 박사 | 미주장로회신학대학교 총장   1
추천사 2 이순창 목사 | 전 대한예수교장로회(통합측) 총회장   3
추천사 3 임윤택 박사 | 미주장로회신학대학교 박사원장   6

들어가는 글   14

제1장 황금기 선교의 개념 이해   17
1. 선교   17
2. 황금기 선교사   20
3. 그리스도인의 나이 듦   24
4. 황금기 선교사 훈련 기관   28
5. 변두리 이론의 적용사례   30
6. 선교적 교회로의 전환 효과   33

제2장 성경에 나타난 황금기 선교 사례   36
1. 구약성경에 나타난 황금기 선교 사례   38
2. 신약성경에 나타난 황금기 선교 사례   73

제3장 황금기 선교 모델   103
1. 거주 구별에 따른 황금기 선교사의 세 모델   103
2. 나이에 따른 모델 분류   114
3. E-MISSION   116

제4장 황금기 세대의 선교 자원으로서 고찰 — 120
1. 선교 자원으로서 가능성 — 120
2. 선교 자원으로서 장점 — 124
3. 선교 준비 및 극복해야 할 과제들 — 129

제5장 황금기 선교의 시대적 요구 — 140
1. 고령화 현상 — 140
2. 선교 패러다임의 변화 — 143
3. 교회 성장의 둔화 — 149
4. 선교환경의 변화에 따른 선교 사역의 축소화 — 155

제6장 황금기 선교사 사례 연구 — 159
1. 사례 1: 김현영 과테말라 거주 선교사 — 159
2. 사례 2: 전희근 단기 순회 선교사 — 181
3. 사례 3: 신동수 우간다 거주 의료 선교사 — 206
4. 성육신적 증인된 삶 — 224
5. 선교사를 아는 지인들의 짧은 평 — 227

나가는 글 — 230
참고 문헌 — 234

들어가는 글

　인생의 후반부를 그리스도인으로서 가장 가치 있고 보람되게 그리고 행복하게 사는 길은 무엇인가?

　전반기 삶의 은퇴를 앞두고 있거나 은퇴한 크리스천 시니어들은 누구나 한 번씩 생각해 본 일이 있을 것이다.

　데이비드 J 보쉬(David J. Bosch)는 그의 저서 『변화하고 있는 선교』에서 제반 선교 패러다임의 변화 속에서의 선교에 대한 이해를 포괄적이지만 이렇게 표현한다.

> 변화하고 있는 선교는 선교 자체가 현실을 변혁하는 활동으로 이해되어야 한다는 것과 선교 자체가 변혁되어야 할 지속적인 필요가 있다는 것을 의미한다.[1]

1　David Jacobus Bosch, 『변화하고 있는 선교』, 김정길 · 장훈태 옮김(서울: 기독교문서선교회, 2010), 751.

우리는 점차 전통적인 선교의 문이 좁아지고 축소되는 선교 환경을 맞고 있다. 또, 그러한 변화에 따라 전문인 선교나 평신도 선교, 자비량 선교, 협력 선교 등 선교 패러다임의 변화가 일어나고 있다. 그런가 하면 '고령화'라고 하는 명제가 삶의 현장과 목회 현장 그리고 선교 현장에까지 많은 영향을 주고 있으며 변화를 요청하고 있다. 펜데믹 사태로 인하여 이러한 변화의 요청에 가속도가 붙었음은 주지의 사실이다.

이러한 시대를 살고 있는 시니어 세대들의 적극적인 선교 참여야말로 변화하는 선교의 시대적 요구 사항이 분명하다. 필자는 이들을 황금기를 살아가고 있는 '황금기 선교사'라고 칭한다. 왜냐하면, 이 시대 선교에 아주 적합한, 그야말로 황금기를 살고 있는 적임자 세대이기 때문이다. 또한, 가장 가치 있고 보람된 선교 사명, 바로 열방을 향하신 하나님의 꿈을 품은 선교사로서 후반부 인생을 불사르며 행복하게 살아갈 수 있는 진정한 황금기를 살아갈 수 있기 때문이다.

그들은 모두 그들이 살아온 각 분야의 전문가들이다. 선교 사역의 다양화로 인하여 선교지는 이런 각 분야의 전문가가 필요하다. 또한, 그들은 선교에 적합한 신앙의 경험과 내적 깊이를 갖추고 있는 사람들이다. 개인적인 제반 환경들도 선교를 할 수 있는 충분한 환경에 있는 사람들이 많이 있다. 성숙한 신앙, 신학적 소양, 언어 능력, 교육 수준, 전문성, 재정적 환경, 건강 등 선교 사역자로서 합당한 기준을 갖춘 사람들이 많이 있는 것이다.

이런 황금기 세대들이야말로 인생의 후반기를 하나님의 사람으로서 가장 가치 있는 선교에 헌신할 수 있는 훌륭한 선교의 자원임이 분명하다.

　필자는 30여 년간 선교사로서 또한 선교를 교회의 최고 가치로 내세운 이민교회의 목회자로서 사역하면서 점점 더 선교 동원의 문제가 얼마나 어려운지를 뼈저리게 느꼈다. 그리고 또한 여러 선교 현장을 돌면서 그 속에서 발견되는 제반 문제점들과 해결 방안을 모색하면서 새로운 대안의 하나가 '황금기 선교사'임을 확신하였다.

　이 사역은 이제 시작 단계지만 좀 더 교회 또는 교단의 연합적인 시스템과 효율적인 전략이 병행된다면 분명히 효과적인 선교에 큰 몫을 담당하게 될 것이다.

　이 책이 특별히 교회 사역의 중심에 서서 열심히 사역하던 믿음의 역군들이었음에도 어느새 은퇴자라고 하는 뒤편의 자리에 멈추어 선 채 마치 사역 현장의 구경꾼이 되어 버린 듯 하나님의 사람들에게, 또한 선교에 관심은 있지만 막상 무엇을 어떻게 해야 할지 엄두를 못 내는 사람들에게 새로운 선교의 도전을 주고 방향을 제시해 주기를 소망한다. 그리하여 그 분들의 후반부의 인생이 '황금기 선교사'로 살아가는 진정한 황금기가 되기를 기도한다.

　또한, 선교 사역에 수고하는 교회들과 교계의 선교 정책에 조금이라도 보탬이 되었으면 한다. 아울러 필자가 미국의 캘리포니아에 거주하는 관계로 사례 연구를 비롯한 정보와 자료의 수집에 다소 제한이 있었음을 밝히며 양해를 구한다.

제1장

황금기 선교의 개념 이해

1. 선교

풀러선교대학원을 설립한 맥가브란(Donald A. McGavran)은 선교를 이렇게 정의했다.

> 선교는 예수 그리스도의 복음을 선포하여, 남녀를 그리스도의 제자와 그리스도의 몸 된 교회의 책임 있는 구성원이 되게 하는 사역이다.[1]

또, 선교신학자인 밴 엥겐(Engen, Charles Edward Van)은 선교를 이렇게 정의한다.

1　Arthur F. Glasser, 『성경에 나타난 하나님의 선교』, 임윤택 옮김 (서울: 생명의말씀사, 2006), 15.

선교란 하나님의 백성들이 의도적으로 교회로부터 교회가 없는 곳으로, 신앙이 있는 곳에서 신앙이 없는 곳으로 장벽을 넘어가, 사람들로 하여금 하나님과 자기 자신과, 사람들 서로 간에, 그리고 세상과 화해하도록 하는 하나님의 선교에 교회가 참여함으로써, 예수 그리스도 안에서 하나님의 나라의 도래를 말과 행동으로 선포하는 것이며, 성령의 역사를 통해 사람들이 회개하고 예수 그리스도를 믿음으로 말미암아 교회에 모이도록 하며, 예수 그리스도 안에서 하나님의 나라가 도래하는 표식으로 세상의 변화를 도모하는 것이다.[2]

위에서 언급한 선교의 개념은 하나님께서 주관하시는 하나님 나라의 확장이라는 포괄적 개념의 선교에 대한 설명이다. 하나님께서 주관하시는 온 세상을 구원하시려는 하나님의 선교에 하나님의 백성 된 교회가 참여하는 개념은 마땅하다.

그러나 본서에서의 선교의 의미는 좀 더 좁은 각도에서 바라본 개념이다. 타 문화권이라고 하는 문화인류학적 관점에서의 장벽을 넘는 보수적이고 전통적인 선교의 개념을 그 기초로 한다. 동일 문화권 속에서는 전도로, 타 문화권 속에서의 전도는 선교로 구분 지은 토착 교회 원리[3]에 입각한 제한적인 개념이다.

---

[2] Charles Edward van Engen, 〈선교의 성경적 신학적 기초〉(Biblical and Theological Foundation of Mission) Pt700 강의안, 2018, Presbyterian Theological Seminary in America.

[3] 김용식, 『디아스포라 인 브라질』 (서울: 윌리엄케리, 2009), 267.

선교와 전도를 특별히 구별하지 않는 복음주의 선교학자인 랄프 윈터(Ralph D. Winter)에 의하면 모국 문화권을 뛰어넘는 교차문화 상황에서 이루어지는 세 번째 전도 단계인 '전도 2'(Evangelism 2)와 완전히 이질적인 문화권에서 복음을 전하는 사역인 네 번째 전도 단계인 '전도 3'(Evangelism 3) 단계라고 할 수 있다.

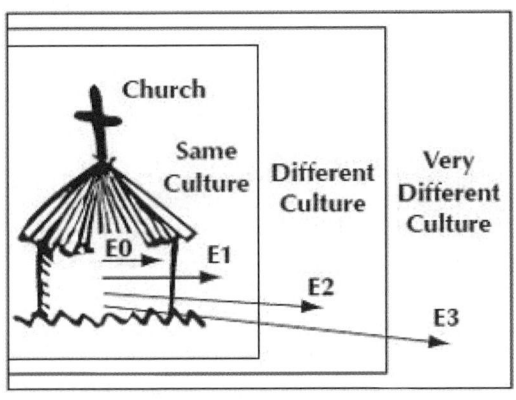

<그림 1> Evangelism Sclae[4]

따라서, 본서에 사용된 선교란 용어는 언어를 근간으로 하는 타 문화권 사람들을 대상으로 하는 선교 개념임을 밝혀 둔다. 물론, 오

4　Ralph D. Winter and Bruce A. Koch, *Finishing the Task: The Unreached Peoples Challenge* (International Journal of Frontier Missions: 2023).

늘날 타 문화의 관점이 많이 바뀌어 같은 언어 속에서도 다양한 문화가 존재하지만 다른 언어를 바탕으로 하는 한 족속에 관한 선교 개념으로 본다. 또한, 글로벌 시대를 맞아 자국 내에서 유사 문화권 또는 이질적인 문화권의 사람들에게 복음을 전하는 것도 그 대상이 된다.

2. 황금기 선교사

본서에서 사용된 용어인 '황금기 선교사'는 자신들의 전반부의 삶을 은퇴하고 새로운 인생 후반부의 삶을 타 문화권 선교를 위하여 살아가는 황금기 세대의 사람들을 말한다. 황금기 세대란 일반적으로는 은퇴 후에도 자녀나 다른 사람들의 도움을 받지 않고 자력으로 살 수 있는 사람들을 일컫는다. 최근에는 적령 이전에 은퇴하여 제2의 인생을 살아가는 사람들도 많은데 이들도 포함하는 용어로서 정의한다.

이런 의미의 선교사로서 용어는 현재 사용자에 따라 다양한 단어로 사용되고 있다. 한국침례신학대학교 교수인 이현모 박사는 그의 저서에서 이러한 '황금기 선교사'를 시니어 선교사로 지칭하며 다음과 같이 정의한다.

지금까지 전임 선교 사역을 하지는 않았지만 두 번째 인생을 선교사로 헌신하는 50세 이상의 그리스도인이다.[5]

한국의 대표적인 황금기 선교 단체인 '시니어선교한국'[6] 도 나이의 언급은 없이 시니어란 말을 연장자 또는 어른의 이미지로 사용한다. 또한, '실버 선교사'라는 말로 부르기도 한다. 실버란 영어로는 은을 뜻하는 단어이지만 일본에서 독자적으로 고령자, 연장자, 노인이라는 뜻으로 복합어를 만들었다. 그래서 실버 선교사를 단어 그대로 해석하면 인생의 황혼기 선교 또는 연장자 선교사로 볼 수 있다.[7] 미국에는 '황금기 선교사' 지망생을 훈련하는 한인 선교 단체인 뉴저지실버선교회[8]와 뉴욕실버선교회[9]가 실버란 명칭을 사용하고 있다.

'황금기 선교사'란 말을 처음 사용한 사람은 첫 한국 선교사로서 태국에서 사역하다가 은퇴한 후 풀러신학교에서 교수를 하며 한국 학부를 창설한 최찬영 선교사[10]이다. 그는 2017년부터는 LA를 중심으로

---

5 이현모, 『인생의 후반전은 시니어 선교사로』 (죠이선교회, 2007), 13.
6 시니어선교한국 웹페이지 http://www.seniormission.or.kr
7 이현모, 『인생의 후반전은 시니어 선교사로』 13.
8 뉴저지실버선교회 웹페이지 https://www.njsilvermission.org
9 뉴욕실버선교회 웹페이지 https://nysilvermission.com/introlong
10 최찬영 선교사는 1926년 평양에서 태어났다. 이후 월남하여 장로회신학교를 졸업하고 1955년 영락교회(고[故] 한경직 목사) 후원과 장로교총회 선교부 파송을 받아 태국 선교사로 사역하였다. 또한, 1978년부터 1992년까지 세계성서공회 아시아태평양지역 대표로 일하며 약 15억 권의 성서를 배포하는 데 기여했다. 은퇴 후에는 풀러선교대학원에서 후학을 가르쳤고 또한, 선교사들을 돕

은퇴 이후의 삶을 선교에 바치는 '황금기 선교사운동'을 펼쳤다.[11] 지금도 이 사역을 잇고 있는 김정한 선교사는 이 세대를 이렇게 말한다.

> 이들은 사회적으로 '실버' 또는 '시니어'라는 사회적 호칭이 있지만, 선교적으로는 인생의 황금기를 맞이한 세대로 볼 수 있다. 따라서, 노인 세대를 동원할 때는 이들을 '황금기 선교사'라는 호칭으로 자긍심과 자신감을 심어주며 동원할 수 있다.[12]

그러나 이 용어의 사용에 반대하는 사람들은 이 용어가 화려한 황혼을 강조하다 보니 다소 겸손하지 못한 느낌을 준다고 하면서, 또한 '골드 세대에 들지 못하면 선교에 헌신하지 못하는가'라는 의문을 제기할 수 있다고 주장하기도 한다.[13]

본서에서는 이러한 개념의 용어들 중 가장 제한성이 적고 능동적이며 또한 한국 제1호 선교사인 최찬영 선교사의 은퇴 후에도 이어진 선교적 삶과 선교 정신을 이어받아, '황금기 선교사'라는 용어를

는 일에 힘을 썼다.

11 준 최, "일평생 선교에 몸 바친 최찬영 선교사 별세", 「미주 한국일보」(October 26, 2021), accessed August 28, 2023.

12 김정한, "북미 한인교회의 선교 동원에 관한 연구" (Fuller Theological Seminary, 2018), 102.

13 장성배, "총체적 선교를 위한 한 전략으로서의 실버 선교", 「신학과 세계」, no. 78 (2013): 293, http://www.dbpia.co.kr/journal/articleDetail?nodeId=NODE02378393.

사회 속에서 전반부의 삶을 살다가 제2의 후반부 인생을 전적인 선교의 삶으로 살아가는 사람들을 지칭하여 사용한다.

들어가는 글에서도 언급하였지만 이 시대야말로 시니어들이 선교에 적접 참여하기에 적합한 황금기 세대이고 또한 인생의 최고 가치요 보람인 선교사로서 진정한 황금기를 살아갈 수 있는 것이다.

그들은 특정 교회 또는 선교 단체로부터 파송을 받을 수도 있고 또는 개인적인 사역을 할 수도 있다. 은퇴 후 사역이 될 수도 있고 또는 여전히 삶의 현장에서 땀 흘리며 선교에 전적으로 헌신하는 사역이 될 수도 있다. 자비량이 될 수도 있고 후원에 의한 사역일 수도 있다. 중장기적인 거주 사역이 될 수도 있고 여러 지역의 단기 순회 사역일 수도 있다.

또는, 선교지를 직접 가지 않더라도 미디어 등을 통한 여러 가지 형태의 선교 사역이 될 수도 있다. 목회자일 수도 있고 평신도일 수도 있다.

3. 그리스도인의 나이 듦

듀크대학교 교수 리차드 헤이스(Richard B. Hays) 박사는 스탠리 하우어워스(Stanley Hauerwas) 등의 여러 학자와 공저한 『그리스도 안에서 나이 듦에 관하여』(Growing old in Christ)의 제1편 '성경의 관점'에서 나이 듦의 기독교적 실천에 관하여 이렇게 말한다.

> 우리는 나이 들어가면서 어떻게 다른 사람을 위해서 우리의 삶을 줄 것인지를 분별해야 한다. 노년은 그저 느긋하게 쉬거나 골프 하는 시간이 아니며, 과거에 대해 추억만 하는 시간도 아니다(비록 편히 쉼과 추억은 분명히 우리의 삶 속에서 합당한 자리를 갖지만 말이다).
> 대신 노년기에는, 우리 일생을 통해 그랬던 것처럼, 자신의 삶으로 예수님의 자기 희생적 본을 따라 계속해서 섬김의 길을 추구해야 한다. 인생의 말년을 위한 이 기독교적 모범은 우리 주변에서 볼 수 있는 많은 관습적인 노화의 모델과 반대되며 그것을 뒤엎는다. 우리가 흔히 아는 사회의 관습적인 노화의 모델은 무기력하고 사회에 무익한 부담스러운 존재로서 노인, 혹은 가만히 앉아서 평생 일해서 얻은 보상을 거두는 시간으로서 노년이다.[14]

14　Stanley Hauerwas, 『그리스도 안에서 나이듦에 관하여』 (서울: 두란노, January 13, 2021), 38.

빌리 그래함 목사는 하나님께서 허락한 인생의 목적에 관하여 시편을 인용하여 이렇게 말한다.

> 나이가 들었다고 해서 인생에 주어진 목적을 완수하는 데 있어서 면제부가 주어지는 것은 아니다. 시편 저자는 주께 다음과 같이 구하였다. 하나님이여 내가 늙어 백발이 될 때에도 나를 버리지 마시며 내가 주의 힘을 후대에 전하고 주의 능력을 장래의 모든 사람에게 전하기까지 나를 버리지 마소서(But old age does not exempt us from fulfilling our purposes in life. The psalmist entreated the Lord for blessing on a most noble task when he asked, When I am old and gray headed, O God, do not forsake me, Until I declare Your strength to this generation)(Psalm 71:18).[15]

필자가 거주하는 캘리포니아의 65세 이상 시니어 할인 레스토랑을 가 보면 많은 한인 시니어가 식사하는 모습을 본다. 대부분이 건강한 모습이다. 또 맥도널드에 점심시간 이후에 가보면 많은 한인 시니어가 그곳에서 커피를 마시며 대화를 나누고 있다. 여러 가지 삶의 정황에 대한 이야기들이다.

그런데 대부분의 경우 꼭 빠지지 않는 이야기들이 있다. 그것은 바로 교회 이야기이다. 어디서건 대부분 들리는 호칭은 장로님, 권사님, 집사님이다. 목사님도 많다. 이들은 모두 그리스도 안에서 나

15　Billy Graham, *Nearing Home* (Nashville: Thomas Nelson, 2011), 35.

이 들어가는 아름다운 하나님의 사람들이다.

"중국 사람들 셋이 모이면 식당을 차리고 일본 사람들 셋이 모이면 회사를 차리고 한국 사람들은 셋이 모이면 교회를 세운다"[16]라는 말이 실감이 날 정도다.

그렇다면 그리스도인으로서 인생의 후반부를 살아가는 사람들에게 리차드(Richard)가 언급한 '예수님의 자기 희생적 본을 따라 계속하여 할 수 있는 최고 섬김'의 자리가 무엇일까 생각해 본다. 각자의 가치관이나 신앙관이나 환경에 따라서 그 대답은 다를 것이다.

그러나 주님께서 제자들에게 하신 대위임령의 말씀이다.

> 하늘과 땅의 모든 권세를 내게 주셨으니 그러므로 너희는 가서 모든 족속으로 제자를 삼아 아버지와 아들과 성령의 이름으로 세례를 주고 내가 너희에게 분부한 모든 것을 가르쳐 지키게 하라 (마 28:18:20).

또, 주님이 승천 전 마지막 남기신 말씀이다.

> 오직 성령이 너희에게 임하시면 너희가 권능을 받고 예루살렘과 온 유대와 사마리아와 땅끝까지 이르러 내 증인이 되리라 (행 1:8).

---

16 정석기, 『한민족의 디아스포라』 (서울: 쿰란 출판사, 2005), 72.

이 말씀은 모든 그리스도인에게 해당되는 말씀이다. 결코 은퇴 후 또는 시니어 세대라고 면제가 되는 말씀은 아니다.

리젠트대학(Regent College)의 신학부 교수인 폴 스티븐스(R. Paul Stevens)는 『나머지 6일』(The Other Six Day)에서 이렇게 말한다.

> 선교는 소수의 선택을 받은 대표자들이나 선교사로 임명된 사람들이 아니라 하나님의 모든 백성이 해야 할 의도적인 일이고 가장 중요한 일이다.[17]

또한, 스탠리 하우어워스(Stanley Hauerwas)는 이렇게 말한다.

> 성경은 하나님께서 노년의 사람들에게 특별한 은사나 사명을 주시기 위해 그들 개개인의 삶 속으로 침투하시는 이야기들로 가득 차 있다.[18]

시편 92편은 노년의 결실에 관하여 이렇게 노래한다.

> 의인은 종려나무 같이 번성하며 레바논의 백향목 같이 성장하리로다 이는 여호와의 집에 심겼음이여, 우리 하나님의 뜰 안에서 번성하리로다 그는 늙

---

17 R. Paul Stevens, *The Other Six Day: Vocation, Work, and Ministry in Biblical Perspective* (V.A: Eerdmans Publishing, 1999), 208.
18 Hauerwas, 『그리스도 안에서 나이듦에 관하여』, 33.

어도 여전히 결실하며 진액이 풍족하고 빛이 청청하니 여호와의 정직하심과 나의 바위 되심과 그에게는 불의가 없음이 선포되리로다(시 92:12-15).

4. 황금기 선교사 훈련 기관

미국의 경우 황금기 선교에 앞장선 교단은 미국 남침례교회다. 이곳에서는 황금기 선교, 시니어 선교, 실버 선교 등의 용어 대신 '마스터즈 프로그램'(Master's Program)이라는 용어를 사용한다. 처음에는 다양한 단기 선교사 프로그램인 ISC(International Service Corps)를 나이 제한 없이 참여시켰다가 점점 더 많은 장년, 노인층이 참여하게 됨으로 1999년에 장년과 노년의 선교 사역을 위하여 마스터즈 프로그램(Masters Program)을 발족하였다.

이 프로그램은 참여 자격의 기준을 50세 이상의 나이로 구분하였다 (부부가 지원할 경우 한 쪽이 50세 이상이면 가능하다). 재능과 사회 경험이 다양하고 풍부해야 하며, 남침례교 교인이어야 하고, 미국 영주권자나 시민권자여야 하며, 정서적, 신체적, 영적으로 건강하고 믿음이 성장하는 사람이 되어야 한다.

참여 여부가 결정되면 7주 동안 선교사 훈련센터(Missionary Learning Center)에서 훈련을 받고 선교지로 출국한다. 이들은 주로 선교사의 사역을 다양한 방법으로 지원하거나 필요할 경우에는 독립 사역을 감당하게 된다. 계약 기간은 대략 2~3년 정도 단기 계약으로 선

교지에 파송 된다.[19]

미국에서 가장 활발하게 사역하고 있는 한인 황금기 선교사 관련 선교 기관은 뉴저지를 근거로 하는 뉴저지실버선교회(SMF)와 필라델피아를 근거로 하는 세계전문인선교회(PGM)이다.

뉴저지실버선교회는 황금기 선교사들을 전문적으로 교육하고 선교사로 파송하는 선교 단체다. 2002년에 설립되었고 그 목적을 "예수 그리스도의 지상명령을 수행하기 위하여 뉴저지 지역 교회와 연합하여 신실한 그리스도인들을 모집, 훈련하여 선교사로 파송하거나 선교에 협력함으로 세계복음화의 일익을 담당케 하려는 설립 목적을 가지고 있다"라고 한다. 그동안 38기의 많은 수료생을 배출하였고 그중 일부는 거주 또는 비거주 선교사로 활동을 하고 있다.[20]

세계전문인선교회는 전문적인 황금기 선교 기관은 아니다. 1998년 전세계에 흩어져 있는 디아스포라를 깨워 그들이 섬기고 있는 지역 교회를 중심으로 지역 교회에서 훈련을 받고 자신이 가지고 있는 은사를 전문적으로 개발하여 삶의 현장인 '지금 이 자리'(Here & Now) 지역 교회에 유익을 미치고 나아가 땅끝까지 복음을 전하기 위한 선교사적 삶을 살아갈 수 있도록 돕기 위해 시작되었다.

---

19 이현모, 『인생의 후반전은 시니어 선교사로』, 49-51.
20 뉴저지실버선교회(SMF), "뉴저지실버선교회 웹페이지", 뉴저지실버선교회(SMF), last modified Feruary, 3, 2023, accessed April 5, 2023, https://www.njsilvermission.org/blank-16.

그렇게 파송된 선교사 중에 은퇴 후 타 문화권 선교를 위하여 사역하는 황금기 선교사들이 있다.[21]

남가주에서는 김정한 선교사의 주도로 운영되는 '황금기 선교사 사역자 훈련 학교'가 있다. 여러 가지 여건상 활발한 사역이 아직 진행되지는 못하고 있지만 꾸준히 시니어들을 통한 하나님 나라 확장의 소망 가운데 열심히 움직이고 있다.[22]

5. 변두리 이론의 적용사례

폴 피어슨(Paul Pierson)은 선교운동사를 연구하면서 선교학적 원리 몇 가지를 발견했는데 그중 '변두리 이론'(Periphery theory)이 있다. 그는 이 이론을 이렇게 말한다.

> 부흥과 확장은 대부분 그 시대 교회 권력 구조의 변두리에서 시작된다. 이 이론은 교회 구조가 잘못되었다는 뜻이 아니다. 사실 교회 구조는 언제나 필요하며 선교운동에 많은 도움을 준다. 그러나 변두리 이론은 우리가 언제나 성령의 놀라운 역사에 대해 열린 마음의 자세를 가져야만

---

21 세계전문인선교회(PGM), "세계전문인선교회(Pgm) 웹페이지", 세계전문인선교회(PGM), 2023, accessed April 5, 2023, https://www.pgmusa.org/.
22 김정한 선교사(GMAN), "김정한 선교사 황금기 선교사학교 인터뷰 자료," interview by 이성희, March 4, 2023.

할 것을 일깨워 준다. 역사를 연구해 보면 성령의 역사가 드러난다. 성령께서 전혀 예상치 못했던 방식으로, 전혀 예상치 못했던 사람을 통하여 하나님의 역사를 이루어 가신다는 사실을 깨닫게 된다.[23]

황금기 선교야말로 이 변두리 이론이 적용되는 좋은 예다. 대부분의 시니어는 교회의 직무에서도 은퇴 연령에 속한다. 필자가 속한 '해외한인장로회'의 헌법도 항존직과 임시직 등 모든 교회의 직분자의 정년을 70세로 규정하고 있다.[24] 교회의 중요 사항을 결정하는 제직회에서 표결권도 없다. 당연히 시니어들은 자신들의 의지와는 상관없이 사역의 뒤편 변두리에 자연스럽게 놓이게 된다.

또한, 그러한 환경의 변화는 모든 하늘나라 확장을 위한 자리에서도 그들을 너무 쉽게 변두리로 밀어 내어 버리고 모세가 말한 "내가 누구 관대"의 주인공으로 만들어 버린다.

그러나 선교에 있어서만은 그 반대가 되어야 한다. 황금기 선교사라는 그들만이 할 수 있는 자리를 통하여 교회 중심부의 변두리에서 선교의 부흥과 확장이 얼마든지 가능한 일이다. 그들은 신앙과 삶의 경험자들이요 그 누구보다도 하나님의 뜻과 경륜을 깊이 이해하는 사람들이기 때문이다. 이 '변두리 이론'이야말로 황금기 선교라는

---

23 Paul Everett Pierson, 『(선교학적 관점에서 본) 기독교 선교운동사』, 임윤택 옮김 (서울: 기독교문서선교회, 2009), 17.
24 해외한인장로회총회, 해외한인장로회헌법 (KPCA, 2016), 156-57.

이 시대의 합당한 선교 전략으로 적용될 수 있다.

물론, 시니어들은 나이, 신체적 조건, 환경 등에 따른 활동의 한계성이 있음은 분명하다. 그러나 열매를 거두시는 분은 하나님이시다. 선교가 자신의 일이 아니라 하나님의 일이고 자신의 능력이 아니라 하나님의 능력에 의한 것임을 믿고 자신을 쓰시는 하나님의 주권에 온전히 의지한다면 하나님께서 일하시는 것이다.

콜롬비아바이블대학(Columbia Bible College)에서 신약학 교수를 역임한 조엘 F. 윌리암스(Joel F. Williams) 박사는 그가 대표하여 편집한 책인 『신약성경의 선교』(Mission in the New Testament)에서 이렇게 말한다.

> 예수 그리스도의 교회와 잃어버린 세상은 자신들의 능력 이상의 수확을 추구하는(seeking a harvest out of proportion to their own abilities) 씨 뿌리는 사람들이 필요하다. 이러한 수확은 선교가 바로 하나님의 사역이기에 가능하다. 세상에 복음을 전하는 일은 너무나 크기에 믿는 자들은 그들 자신들의 지혜와 능력으로 다 감당할 수가 없다.
>
> 오히려 인간의 노력과 독창성에 대한 의존(A reliance on human effort and ingenuity)은 하나님의 능력 안에서만 이루어질 수 있는 것들을 시도하지 못하게 할 것이다. 믿는 자들은 그들이 하나님의 일에 참여하고 있다는 사실을 항상 기억하고 있어야 한다. 그들은 하나님의 은혜를 온전히 의

지하고 하나님의 영광을 위한 삶을 살아야 하는 것이다.[25]

모든 선교사가 해당이 되겠지만 특별히 자신의 한계성을 지닌 황금기 선교자들은 더욱 그렇다. 비록 시니어들이 변두리의 자리에 있다 할지라도 자신의 한계를 절감하고 온전히 하나님의 역사를 믿고 맡긴다면 하나님께서 전적으로 일하시는 것이다. 이렇게 변두리를 통하여 역사하시는 하나님에 관한 통찰을 가질 때 황금기 선교는 오히려 이 시대에 눈을 돌려야 하는 선교계의 새로운 블루오션임이 분명하다.[26]

6. 선교적 교회로의 전환 효과

더군다나 고령화 현상으로 시니어들의 수가 급속히 늘어 가고 있는 현대 교회가 시니어들이 선교 동력화됨으로써 오히려 선교적 교회로 전환되어 가는 변화도 기대할 수 있다. 밴 엥겐(Van Engen)은 '선교적 교회'에 관하여 이렇게 말한다.

---

25 Joel F. Williams, and William J. Larkin Jr, *Mission in the New Testament: An Evangelical Approach* (New York: Orbis Books, 1998), 241.
26 블루오션은 인시아드경영대학원(INSEAD)의 김위찬 교수와 러네이 모본 교수가 창안한 용어이다. 고기가 많이 잡힐 수 있는 넓고 푸른 바다를 의미하는데, 경영학에서는 새로이 탄생하거나 아직 경쟁자가 별로 없는 마켓을 의미한다.

교회란 무엇인가?

교회는 세상에서 하나가 되게 하고 성결하게 하고 화목하게 하며 복음을 선포하는 예수 그리스도의 활동이다. 선교는 교회의 본질에서 분리된 것이나 첨가된 것도 아니다. 지역 교회의 핵심적 본질은 선교이다. 그렇지 않은 교회는 교회가 아니다.[27]

또한, 함부르크대학의 선교학부 디렉터를 역임한 폴 로플러(Paul Loffler)는 이렇게 말한다.

인간 역사 속으로 들어오신 예수님을 통하여 시작된 하나님 나라는 신약 성경에서 개종의 중요한 배경이 된다. 예수님의 기준은 누군가의 영혼을 구하고 교회 숫자를 늘리는 그런 것이 아니다. 이 세상에서 교회가 감당해야 할 선교 사역이다.[28]

예수님의 잔치에 참여하는 데에는 값이 필요 없다. 그러나 그분의 제자가 되는 것은 다르다.[29]

믿음은 또한 매일 십자가를 지고 따르는 것을 의미한다. 이것은 예수님을 따르는 우리로 하여금 하나님 나라에 참여하는 적극적인 삶으로 인도

27　Charles Edward van Engen, 『하나님의 선교적 교회』, 임윤택 옮김 (서울: 기독교문서선교회, 2014), 118.

28　Paul Loffler, "Conversion in an Ecumenical Context", The Ecumanical Review 19, no.3:252-60 (1965).

29　Glasser, 『성경에 나타난 하나님의 선교』, 310.

한다.[30]

시니어들은 각 지역 교회의 믿음의 어른들이다. 믿음의 삶을 살았고 제자의 삶을 살았던 사람들이다. 나이가 들었다고 해서 또는 은퇴를 하였다고 해서 믿음의 삶이나 제자의 삶을 은퇴한 것이 아니고 십자가를 지고 따르는 믿음의 삶을 늦추어서도 안 되는 것이다.

교회의 핵심적 본질은 선교다.

> 오늘날 구원은 하나님 나라의 복음을 선포하는 것을 의미한다. '종말론적 공동체'인 교회에게 이보다 더 높은 우선순위는 없다.[31]

그들이 가장 높은 순위의 선교에 그들의 후반부 인생을 쏟아 붓는다면 그들이 속한 교회의 성도들이 영향을 받을 수밖에 없다. 교회들이 핵심적 본질인 선교를 잊어버리고 교회가 아닌 교회로 변질되어 가는 세태 속에서 황금기 선교사들의 선교적 삶의 모범이야말로 선교적 교회로의 변모에 큰 역할을 할 수 있음이 분명하다.

---

30 Glasser, 『성경에 나타난 하나님의 선교』, 314.
31 Glasser, 『성경에 나타난 하나님의 선교』, 370.

제2장

성경에 나타난 황금기 선교 사례

성경은 특별히 '황금기 선교'라는 개념의 용어를 사용하거나 그 근거를 제시하지는 않는다. 모든 부르심을 받은 사람은 모두가 복음 증거의 사명자이고 사명을 감당하여야 할 책임과 의무를 지니고 있기 때문이다. 그러나 우리는 특별히 인생의 후반기에 하나님의 부르심을 받고 선교적 사명으로 새로운 인생을 살아간 여러 경우의 모습을 성경에서 볼 수가 있다.

선교학자 벤 엥겐(Van Engen) 박사는 성경과 관련하여 하나님의 선교를 이렇게 말한다.

> 성경의 중심적인 주제는 하나님의 선교인데, 현재적이자 미래적인 하나님의 나라와 깊은 관계가 있다. 이것은 살아 계신 하나님께서 역사 속에서 절대적인 통치권을 행사하시며 백성들을 구속하시고 언약의 관계를 이루시며 하나님의 백성들을 도구로 삼으셔서 열방 가운데서, 열방을 향해 살아가게 하신다는 것을 뜻한다.

이것은 구약의 기대와 신약의 성취가 연속성의 관계라는 것을 뜻한다. 여기서 예수 그리스도는 '역사의 이음매'가 된다.[1] 미시오 데이(Missio Dei), 하나님의 마음으로부터 선교의 동기, 방법, 목적, 범위, 의미가 결정된다. 미시오 데이는 예수 그리스도 안에 나타난 하나님의 자기 계시, 세상 안에서 교회를 통하여 일하시는 하나님의 영을 통하여 모든 것을 결정한다.[2]

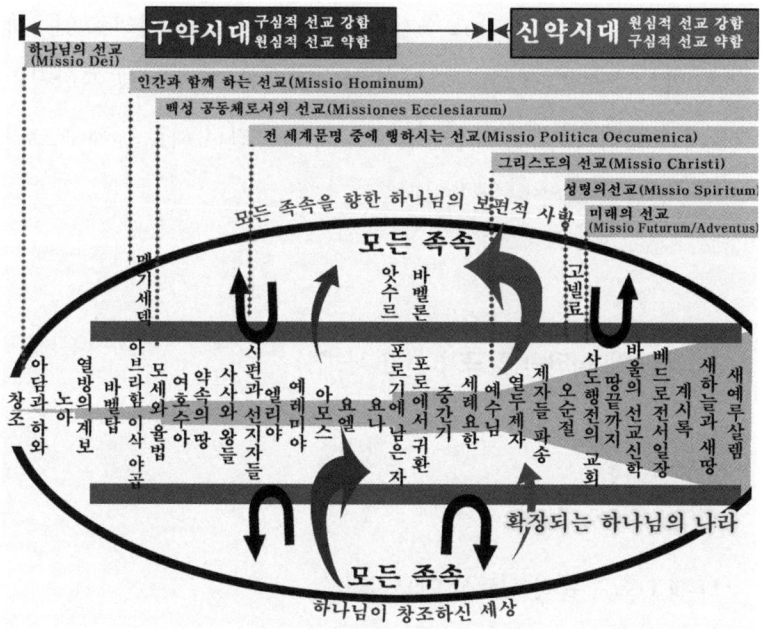

<그림 2> 성경에 나타난 모든 백성을 위한 하나님의 선교[3]

---

1 Engen, "선교의 성경적 신학적 기초"(Biblical and Theological Foundation of Mission) Pt700 강의안, 3.

2 Engen, "선교의 성경적 신학적 기초"(Biblical and Theological Foundation of Mission) Pt700 강의안, 5.

선교라고 하는 모든 백성을 구원하시려는 하나님의 보편적인 사랑이 맥을 잇는 구약과 신약의 관계의 관점에서, 자신들의 인생 후반부를 하나님의 사명 감당에 쏟아 부은 네 명의 인물을 선정하였다. 구약에서는 아브라함, 모세의 사역을 선교적 사역으로 규정하고 구약의 대표적인 황금기 선교 사례로 연구하였다.

또한, 신약에 나타난 직접적인 복음의 전파자이며 세계선교의 기틀을 마련한 바울과 그리고 누가를 신약의 대표적인 사례로 연구하였다. 바울과 누가 역시 시니어는 아니었지만 그들 인생 후반전의 황금기를 랍비의 길과 의사의 길을 은퇴하고 전혀 새로운 예수 그리스도를 위한 선교의 삶을 살았다.

1. 구약성경에 나타난 황금기 선교 사례

1) 아브라함

(1) 제 1 호 황금기 선교사 아브라함

아브라함은 구약에서 보여 주는 최초의 선교 모델이다. 장로회신학대학교 교수인 하경택 박사는 선교 모델로서 아브라함을 이렇게 논한다.

---

3   Engen, "선교의 성경적 신학적 기초"(Biblical and Theological Foundation of Mission) Pt700 강의안," 42.

> 아브라함은 성서 전체에서 신앙인의 전형으로 나타난다. 그의 삶은 개인의 영역에서 그치지 않고 이스라엘과 더 나아가 교회가 추구해야 할 존재 방식을 보여 준다. 그러한 아브라함의 삶에서 우리는 구약성경이 보여 주고자 하는 선교의 한 모델을 발견할 수 있다.[4]

그것도 인생의 후반부를 새롭게 시작하는 황금기 선교사로서 최초 모델인 것이다.

아브라함의 나이의 측면을 살펴보아도 인생의 후반부를 선교사로 살아가는 시니어 선교사나 실버 선교사, 또는 본서에서 사용하는 황금기 선교사라고 하여도 손색이 없다. 그는 75세에 하나님의 부르심을 받고 본토 친척 아비 집을 떠나서 하나님께서 약속하신 땅 가나안으로 향하였다(창 12:4).

아브라함이 일백 칠십 오 세에 죽은 것으로 비추어 볼 때(창 24:7-8) 부름을 받은 그 때가 과연 시니어라고 말할 수 있을까 하는 의문이 있을 수도 있다.

그러나 그의 부인 사라가 일백 이십 칠 세에 죽었고(창 23:1), 이삭이 백세 정도 되었을 때에 나이 많아 눈이 어두워 잘 보이지가 않아서 "내가 이제 늙어 어느 날 죽을 지 알지 못하겠노라"(창 27:1-2)라는 언급이나, 야곱이 일백 사십 칠 세에 또한 요셉이 일백십 세에 죽은 것을 감안하면 아브라함이 장수하기는 했지만 그가 부름 받은 때

---

[4] 하경택, "아브라함과 선교", 「선교와 신학 29」 (2012): 163.

를 나이로 비추어 볼 때에도 인생의 후반부라고 해도 조금도 지나침이 없는 것이다.

한편, 바울은 아브라함의 믿음을 설명하는 중에 그가 고령임을 강조한다.

> 그가 백세나 되어 자기 몸이 죽은 것 같고 사라의 태가 죽은 것 같음을 알고도 믿음이 약하여지지 아니하고(롬 4:19).[5]

(2) 아브라함의 삶과 사역

아브라함은 하나님의 부르심에 믿음으로 순종하여 본토 친척 아비집을 떠나 이방인 가나안 땅으로 발걸음을 떼었다. 새로운 후반부의 인생을 하나님의 선교라는 큰 그림 안에서 다시 시작하게 되었다. 그런 아브라함의 삶과 사역을 다음과 같이 살펴본다.

① 하나님의 부르심

아서 글라서(Arthur F. Glasser) 박사는 구속사적 관점에서 바벨탑 사건 이후에 자기 백성을 만드신 하나님의 운동으로 규정하면서 다음과 같이 아브라함의 부르심을 설명한다.

---

5 Hauerwas, 『그리스도 안에서 나이듦에 관하여』, 30.

하나님께서는 하나님의 종이라 불리는 하나님의 백성이 필요했다. 민족들에게 하나님의 구속 목적을 계시하시고, 그 목적을 성취하시기 위해 하나님의 도구가 될 수 있는 민족이 필요했다. 그래서 하나님은 갈대아 우르에서 아브라함을 선택하시고 부르셨다. 우리 앞에 펼쳐지는 구속사는 이렇게 시작되었다.[6]

그렇게 하나님께서는 아브라함을 선택하시고 그와 언약을 맺으셨다(창 15:6-21).

이것은 모든 민족들을 향한 하나님의 구속사적 관심을 처음으로 표현하신 것이라 할 수 있는데 결과적으로 아브라함은 '선교의 선구자'가 된 것이다.[7]

결국, 이 백성은 열방을 위한 하나님의 구원의 목적을 이루는 하나님의 수단이 되어야 한다. 모든 민족과 열방은 다 창조주 하나님께 속한 것이다(출 19:6; 시 47:9). 그러므로 하나님의 관심 속에 있는 구속의 대상은 오직 이스라엘이 아니라 이스라엘을 통한 열방인 것이다(창 18:18).[8]

6　Glasser, 『성경에 나타난 하나님의 선교』, 85.
7　Glasser, 『성경에 나타난 하나님의 선교』, 86.
8　이한영, "구약과 선교", 「성서마당 신창간 15호」(September, 2007): 9.

하나님께서 선교적 사명자로서 아브라함을 부르신 성경 속의 장면은 다음과 같다.

> 여호와께서 아브람에게 이르시되 너는 너의 고향과 친척과 아버지의 집을 떠나 내가 네게 보여 줄 땅으로 가라 내가 너로 큰 민족을 이루고 네게 복을 주어 네 이름을 창대하게 하리니 너는 복이 될지라 너를 축복하는 자에게는 내가 복을 내리고 너를 저주하는 자에게는 내가 저주하리니 땅의 모든 족속이 너로 말미암아 복을 얻을 것이라 하신지라.[9]

존 스토트(John Stott)는 1976년 어바나선교대회에서 그의 설교 중 이 아브라함의 부르심에 관하여 이렇게 말한다.

> 하나님은 아브라함에게 한 가지 복합적인 약속을 하셨다. 성경과 기독교 선교를 이해하려면 반드시 이 약속에 대해 이해해야 한다.[10]

이 약속은 하나님께서 보여 주실 땅으로 가라는 것이었다. 그러면 아브라함이 복의 근원이 되어 큰 민족을 이루게 될 것이고 그 이름이 창대케 되고 땅의 모든 족속이 그 후손들을 통하여 복을 얻을 것

---

9 창 12:1-3.

10 Ralph D Winter, Steven C. Hawthorne, 『퍼스펙티브스 1』 vol. 1, 2 vols. , 한철호 옮김 (고양: 도서출판 예수전도단, 2011), 52.

이라는 약속이셨다. 하나님께서 늦은 나이의 아브라함을 택하시고 부르시어 그의 후손을 통해 모든 족속에게 복을 주시려고 계획하신 것이다.

그 복이 무엇인가?

존 스토트(John Stott)는 그 복에 관하여 이렇게 말한다.

> 그렇다면 모든 이방인이 받을 복은 무엇인가?(갈 3:8)
> 한마디로 그것은 구원의 복이다. 우리는 율법의 저주 아래 있었으나, 그리스도가 우리 대신 저주를 받으사 그 저주에서 우리를 구해 주셨다. 이는 "그리스도 예수 안에서 아브라함의 복이 이방인에게 미치게 하고 또 우리로 하여금 믿음으로 말미암아 성령의 약속을 받게 함"(10-14절)이었다.
> 그리스도는 우리가 아브라함의 복, 곧 의롭게 되는 복(8절)과 성령이 내주하시는 복(14절)을 유업으로 받을 수 있도록 우리의 저주를 담당하셨다. 바울은 갈라디아서 3장 마지막 절(29절)에서 이를 이렇게 요약한다. "너희가 그리스도의 것이면 곧 아브라함의 자손이요 약속대로 유업을 이을 자니라."[11]

폴 피어슨(Paul E. Pierson) 박사는 땅에 있는 모든 가족이 아브라함의 자손들을 통하여 받을 이 복의 개념을 이렇게 설명한다.

---

11 Winter, Hawthorne, and 한철호, 『퍼스펙티브스 1』, 57-58.

히브리어로 '복'은 영어보다 훨씬 더 심원한 뜻을 담고 있다. 히브리적 '복'의 개념은 관계적이다. 가족의 일원으로 포함되는 것을 의미하였다. 그런 의미에서 야곱은 복을 받았고 에서는 복을 받지 못했다. '복'은 권위, 책임, 화해, 그리고 사탄적인 어두움과 악한 세력에 대한 저항을 의미했다. 성경에 나타난 축복은 사람을 하나님과 하나 되게 연결하고 서로를 연결하여 영원한 친교를 맺게 하는 것이다.[12]

결국, 하나님께서 아브라함을 부르신 궁극적인 목적은 바로 땅의 모든 족속을 구원하시려는 것이었다. 이 아브라함의 부르심은 '하나님의 첫 번째 선교 전략'인 것이다.[13] 인류를 향한 하나님의 복 주심을 위함이다. 아브라함에게 새로운 후반부 인생을 살게 하신 선교적 관점에서의 전략적인 부르심인 것이다.

'전 세계 한인선교 기구연대'(KAMSA)의 글로벌 코디인 한정국 선교사는 이렇게 말한다.

> 모든 그리스도인과 교회는 세상, 즉 우상을 섬기는 구체적 대상인 미전도 종족과 그들이 사는 지역 그리고 그들이 거하는 영역에 보냄을 받았다. 이것은 아브라함과 이스라엘이 7개 미전도 종족이 거하는 가나안 땅에 보냄 받은 것과 같다. 오늘날 우리도 구원의 초청과 함께 신 가나

---

12   Pierson, 『(선교학적 관점에서 본) 기독교 선교운동사』, 51.
13   Pierson, 『(선교학적 관점에서 본) 기독교 선교운동사』, 51.

안 땅에 보냄을 받은 것이다. 가나안 땅의 본질은 선교지였다.[14]

또한, 그들이 자주 왕래하였고 또 나중에 4대가 거주한 애굽 같은 이방도 마찬가지로 선교지였다. 그들과 함께 살면서 그들에게 하나님의 이름을 나타내고 그들이 하나님을 알게 하고 하나님께 영광을 돌리게 하시려는 선교적 부르심이었던 것이다.[15]

② 아브라함의 순종

아브라함은 하나님의 부르심에 믿음으로 순종하여 그의 발걸음을 이방으로 향하였다.[16]

그러나 이 순종은 그렇게 쉬운 것은 아니었다. 하나님께서 아브라함에게 하신 명령이 얼마나 따르기 어려운 것인지 떠남의 대상이 세 가지 낱말로 수식되고 있다. 아브라함이 떠나야 할 곳은 '너의 고향', '친척', '아버지의 집' 이었다. 이러한 사실은 이삭을 번제물로 바치라고 할 때 이삭을 네 아들, 네 사랑하는, 독자' 라는 세 가지 수식어를 통해 표현하고 있는 것과 비교될 수 있다(창 22:2).[17] 그렇게 힘든

---

14 한정국, "왜 미전도 종족(Unreached People) 선교인가?: 크리스천 사역자가 가야 할 길 제시", *TORCH TRINITY Journal* 22, no. 1 (2019): 206.

15 한정국, "왜 미전도 종족(Unreached People) 선교인가?: 크리스천 사역자가 가야 할 길 제시", 206.

16 "믿음으로 아브라함은 부르심을 받았을 때에 순종하여 장래 기업으로 받을 땅에 나갈새 갈 바를 알지 못하고 나갔으며"(히 11:8).

17 Nahum M. Sarna, *Genesis* (the Jps Torah Commentary) (Philadelphia: The Jewish

순종의 과정을 그는 겪은 것이다.

　아브라함이 태어나 자랐던 곳인 갈대아 우르[18]나 가나안 땅으로 오는 도중에 머물렀던 하란[19]은 문화, 교통, 경제의 중심지였다.

　우르에는 성경에 나오는 바벨탑과 그 모양이 유사한 것으로 추정되는 '달의 신'인 '난나'를 섬기던 신전인 지구라트(3층으로 세워진 거대한 탑)가 있었다.[20] 근래에는 이곳에서 우르라고 새겨진 기왓장이 발견되기도 했다.[21] 하란도 교통의 요지로서 무역이 발달하고 부유한 상업 도시였다. 많은 사람이 거주하기를 선호하는 곳이었고 그만큼 생활의 기회가 많은 곳이었다.[22]

　　Publication Society, 2001), 150.

18　아가페성경사전편찬위원회, 『아가페 성경사전』 (서울: 아가페출판사, 1991), 1348. 초기 왕조 시대 (B.C. 3000-2350년경)부터 크게 번성하였던 메소포타미아의 고대 성읍이다. 우르는 수메르 제국 전체에 막강한 영향력을 행사하던 도시 국가였으며, 성 안에 자신의 통치자와 신전과 만신전이 있었다.
우르의 위치는 바그다드와 페르시아만의 중간 지점, 곧 유브라데강에서 서쪽으로 약 10킬로미터 떨어진 오늘날의 '텔 엘-무카이에르'이다. 우르 제3왕조(주전 2,500-1,950년) 곧 아브라함 시대 이전에는 세계에서 가장 화려한 성읍으로 토지는 매우 비옥하고 주민의 생활은 부유하였으며 농업, 공업, 어업의 중심지였다.

19　아가페성경사전편찬위원회, 『아가페 성경사전』, 1682.
유브라데강의 북쪽 지류인 발리크(Balikh) 강 유역에 있는 한 도시로 BC 2,500년경에 건설되었을 것으로 추정한다. 하란은 헬라 시대까지 존속하였는데 메소포타미아의 여러 도시를 연결하고 애굽과 소아시아를 연결하는 중요한 대상 무역로에 위치한 부유한 상업 도시이다. 달을 숭배하는 중심지이기도 하다.

20　아가페성경사전편찬위원회, 『아가페 성경사전』, 1348.
21　정석기, 22.
22　하경택, "아브라함과 선교", 173.

거기에 비하면 가나안 땅은 보잘 것 없는 땅이었다. 평야지도 아니었고 물이 풍부한 곳도 아니었다. 메소포타미아의 유브라데스강이나 이집트의 나일강같이 큰 강도 없었다. 산과 골짜기가 많은 땅이어서 비가 오지 않으면 가뭄이 드는 땅이었다(신 11:11).[23]

아브라함은 지금까지 익숙해져 있고 자신에게 안정된 기반을 제공하는 '고향, 친척, 아버지의 집'을 버리고, 생존에 대한 보장이 없는 미지의 땅으로 가는 응답의 행동을 한 것이다. 목적을 지향한 이주가 아니라 나그네로 살도록 부름 받음에 대한 인식인 것이다.[24]

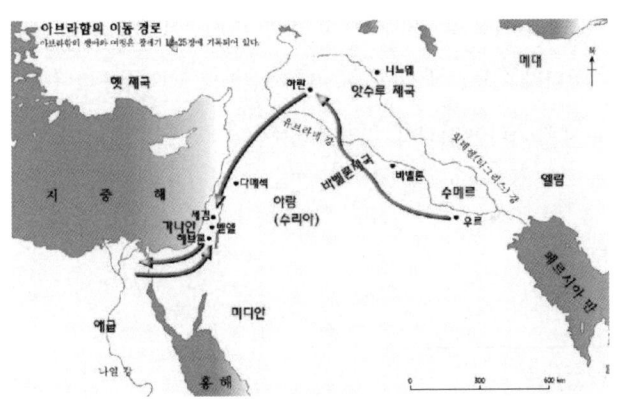

<지도 1> 아브라함의 이동 경로[25]

---

23 "너희가 건너가서 차지할 땅은 산과 골짜기가 있어서 하늘에서 내리는 비를 흡수하는 땅이요"(신 11:11).
24 배희숙, "구약에 나타난 디아스포라 선교", 「선교와 신학 16」 (2005).16
25 안현상, "아브라함의 이동 경로", last modified October 5, 2006, accessed March 27, 2023, https://m.cafe.daum.net/ybc/J4cB/9?listURI=%2Fybc.

아브라함이 겪은 이동 경로를 살펴보면 결코 쉬운 삶이 아니었음을 알 수 있다. 지도 상으로 계산해 본 대략의 직선거리는 우르에서 하란까지 약 900킬로미터, 하란에서 가나안의 세겜까지가 약 700킬로미터이다.[26] 걸어서 가기에 결코 가까운 거리가 아니었다. 시작부터 힘든 여정이었다. 더군다나 천신만고 끝에 가나안에 도착하였지만 살 만한 곳은 이미 가나안 사람들이 차지하고 있었다. 성경은 그 장면을 이렇게 묘사한다.

> 아브람이 그의 아내 사래와 조카 롯과 하란에서 모은 모든 소유와 얻은 사람들을 이끌고 가나안 땅으로 가려고 떠나서 마침내 가나안 땅에 들어갔더라 아브람이 그 땅을 지나 세겜[27] 땅 모레 상수리나무에 이르니 그 때에 가나안 사람이 그 땅에 거주하였더라.[28]

---

com%2FJ4cB.

26 이 거리는 지도의 눈금자로 측정한 대략의 거리이다.
27 세겜은 오늘날의 나블루스(Nablus)에서 동쪽으로 1킬로미터 지점에 있는 텔발라타(Tell Balatah)이다. 이 지역에 사람이 살기 시작한 것은 신석기에서 청동기로 넘어가는 시대(B.C. 3600년경)에 몇 군데 조그만 촌락이 생기면서부터였다. 청동기 시대 중기(B.C. 1900-1540), 특히 애굽의 힉소스 왕조 시대에 세겜은 중요한 도시 국가가 되었다. 아가페성경사전편찬위원회, 『아가페 성경사전』, 844. 아브라함의 가나안 이동이 대략 B.C 2000년 경으로 추정되는 바 당시에 이미 세겜은 도시 국가의 형태를 형성하기 시작한 시기라고 볼 수 있다.
28 창 12:5-6

그러자 그는 벧엘 동편의 산 쪽으로 옮겨 갔다. 그러나 더 큰 문제가 있었다. 그 땅에 극심한 기근이 있었던 것이다(창 12:10). 결국, 남방으로 옮겨 애굽까지 내려갔다. 그 이후에 그는 가나안으로 다시 돌아왔으며 그를 향한 하나님의 뜻과 약속이 이루어져 가는 선교적 삶의 모습이 점차적으로 디아스포라의 환경 속에서 살아가는 그의 인생 후반전에 확고하게 갖추어 간다.

히브리서는 그의 이런 순종을 아브라함의 믿음으로 묘사한다(히 11:8). 이 믿음으로 시작된 아브라함의 여정은 간혹 의심의 흔들림도 있었지만 그의 삶의 요약이라고 할 수가 있다. 믿음의 삶이라는 말로 요약되는 것이다.

그가 하나님이 뜻하신 선교의 삶을 산 것도 하나님의 약속에 대한 믿음이 있었기 때문이다. 그가 갈 바를 알지 못하는 가운데에서도 떠나라는 명령에 순종한 것도, 자신의 사랑하는 아들을 번제로 바치라는 명령에 순종한 것도 하나님에 대한 전폭적인 신뢰가 있었기 때문에 가능했다.

아브라함은 믿음을 가지고 자신의 삶의 환경이나 조건보다 더 크신 하나님을 바라본 것이다. 물론, 아브라함의 믿음이 처음부터 온전한 것은 아니었다. 그의 믿음은 하나님이 원하시는 차원까지 끊임없이 성숙되고 다듬어져야 했다.[29]

---

29   하경택, "아브라함과 선교", 180.

하나님께서는 이 아브라함의 믿음의 순종을 통하여 인류를 향한 하나님의 구원 사역의 발걸음을 떼셨다. 아브라함에게 약속하신 대로 모든 족속이 받을 복의 근원이 되게 하시는 구원 사역의 작업을 시작하신 것이다. 또 아브라함의 영적인 후손들도 마찬가지다. 아브라함의 믿음의 순종으로 그 구원 사역의 문이 열렸기에 믿음의 후손들에게 구원의 복이 이르게 하신 것이다.[30]

한국대학선교학회 회장인 이승문 박사는 바울이 갈라디아서에서 아브라함과 관련하여 서술한 이 믿음 안에서 이루어진 구원의 복을 이렇게 설명한다.

> 바울은 갈라디아서에서 직접적인 표현으로 아브라함이 이방인의 조상이 된다고 말하고 있다. 그럼에도 불구하고, 결과적으로는 '그리스도에 대한 믿음' 안에서 모두가 새로운 피조물로서 하나가 된 이방인과 유대인 모두의 조상이 된다는 것을 전하고 있다. 이러한 견지에서 이방인과 유대인이 '그 믿음으로 말미암아' 아브라함의 복의 대상으로 세움을 입기 때문에 아브라함의 자손이 될 수 있다.
>
> 여기서 바울은 유대인이나 이방인이라는 인종적인 구분이나, 할례자나 무할례자라는 할례를 기준으로 한 구분은 아브라함의 자손 됨과 관련이

---

30 갈라디아서에서는 믿음의 사람들에게 이른 아브라함의 복을 다음과 같이 적용한다.
  1) 믿음을 가진 자는 아브라함의 후손이다(갈 3:6-7).
  2) 믿음을 가진 자는 아브라함과 함께 복을 받는다(갈 3:8-9).
  3) 믿음을 가진 자는 아브라함과 같이 축복의 통로가 되게 하신다(갈 3:14).

없기에 결과적으로 그러한 구분이 무의미하다는 것을 입증하고 있다.[31]

아브라함이 보여 주었던 믿음의 삶은 이삭에게 이어지고 이러한 신앙의 전승은 족장들을 지나 오늘 우리에게 이어진다. 그렇게 아브라함과 같은 믿음을 가진 자는 아브라함의 자손이 되어 아브라함의 복을 성취하게 되는 것이다.[32]

③ 아브라함의 선교적 삶의 모습

시날왕 아므라벨을 비롯한 네 나라가 연합한 군사들과의 싸움에서는 아브라함은 한걸음 성숙한 사명자의 모습을 보인다. 그는 말도 안 되는 소수의 부대로 그들을 대파하고 포로로 잡혔던 조카 롯을 비롯한 소돔과 고모라 백성들과 빼앗겼던 모든 가축과 재물을 되찾았다(창 14:1-16).

아서 글라서(Arthur F. Glasser)는 이때의 상황을 이렇게 논한다.

> 아브라함은 이제 전에 예상하지 못했던 새로운 문제에 직면하게 되었다. 그가 갖게 된 새로운 선교 패러다임으로 인해 엄청난 유혹을 받게 된 것이다. 새로운 패러다임은 '정복을 통한 선교'였다. 후일의 기독교

---

31 이승문, "원시 그리스도교공동체의 효과적인 선교 전략과 아브라함의 이미지들" 「대학과 선교」, no. 15 (2008): 227-28.
32 하경택, "아브라함과 선교", 184.

교회 역사는 이런 오류, '정복을 통한 선교'가 너무도 많이 일어났다는 사실을 기록하고 있다.[33]

그러나 아브라함은 그 유혹에서 벗어난 모습을 보여 준다. 승전하고 돌아오는 길에 그는 자신을 영접하는 살렘왕 멜기세덱을 만난다. 그는 이방인이었지만 하나님을 믿는 제사장이었다. 물론, 그가 정확히 누구인가에 대하여는 견해가 분분하지만 근거 자료가 빈약하고 "가장 타당한 견해는 문자 그대로 그를 이방인들 가운데서도 순수하고 올바른 신앙을 가진 가나안의 왕으로 보는 견해(Josepus, Calnin, Delitzsch, Keil, Bush)이다."[34]

멜기세덱이 이렇게 말한다.

> 천지의 주재이시오 지극히 높으신 하나님이여, 아브람에게 복을 주옵소서 너희 대적을 네 손에 붙이신 지극히 높으신 하나님을 찬송할지로다 하매 아브람이 그 얻은 것에서 십분의 일을 멜기세덱에게 주었더라(창 14:19-20).

멜기세덱은 아브라함이 전쟁에서 승리한 이유는 뛰어난 군사 작전 때문이 아니라 '지극히 높으신 하나님께'서 대적을 아브라함의 손에 붙이셨기

---

33 Glasser, 『성경에 나타난 하나님의 선교』, 96.
34 강병도 편집, 『호크마 종합주석』, vol. 1, 8 vols. (서울: 기독지혜사, 1997), 331.

때문이라고 했다.[35]

이것을 깨달은 아브라함은 십분의 일을 멜기세덱에게 드렸고 '지극히 높으신 하나님'의 이름이 가나안 온 땅에 전해졌음이 분명하다.

> 우리는 아브라함의 이런 긍정적 반응의 중요성을 인식해야 한다. 아브라함은 하나님의 뜻을 무조건적으로 받아들이고 있음을 보여 주기 때문이다.[36]

또한, 소돔 왕도 아브라함을 맞으러 멀리까지 마중을 나왔다(창 14:17). 그리고 아브라함에게 자기 백성만 돌려주고 모든 빼앗은 재물을 아브라함이 취하라고 말을 한다. 그러자 아브라함이 이렇게 말한다.

> 아브람이 소돔 왕에게 이르되 천지의 주재이시요 지극히 높으신 하나님 여호와께 내가 손을 들어 맹세하노니 네 말이 내가 아브람으로 치부하게 하였다 할까 하여 네게 속한 것은 실 한 오라기나 들메끈 한 가닥도 내가 가지지 아니하리라 오직 젊은이들이 먹은 것과 나와 동행한 아

---

35 Glasser, 『성경에 나타난 하나님의 선교』, 96.
36 Glasser, 『성경에 나타난 하나님의 선교』, 97.

넬과 에스골과 마므레의 분깃을 제할지니 그들이 그 분깃을 가질 것이니라.[37]

아브라함은 분별력이 있었다. 소돔 왕이 전리품을 다 가져 가라고 한 제안을 거절할 정도로 그는 재산 문제로 인한 유혹에 빠지지 않았다.[38] 소돔 왕 앞에서 자신이 지극히 높으신 하나님을 믿는 하나님의 백성임을 당당하게 선포한 것이다. 그리고 그 하나님이 지배하시는 하나님 백성의 삶의 모습이 어떤 것인지를 보여 준다. 하나님의 나라가 삶 속에서 전해지는 최고의 선교사적인 모습을 보여 주는 것이다.

하나님께서는 뒤를 이을 아들도 하나 없는 아브람[39]을 그의 인생 후반에 황금기 선교사로 부르시고 그의 믿음의 순종을 통하여 인류를 구원하시려는 하나님의 꿈과 계획을 이루어 가셨고 결국은 그를 '열국의 아버지'인 아브라함[40]으로 세워(창 17:4-5) 약속하신 대로 복의 근원으로 삼으셨다(창 12:3). 존 스토트는 이 아브라함에게 이루어진 약속의 성취를 이렇게 설명한다.

---

37 창 14:22-24.
38 Glasser, 『성경에 나타난 하나님의 선교』, 97.
39 아브람(אַבְרָם)은 '높으신 아버지'란 뜻이다.
40 아브라함(אַבְרָהָם)은 '열국의 아버지'란 뜻이다.

과거의 성취는 그의 육신적 자손인 이스라엘 백성을 통해 역사 속에서 이루어졌다. 현재적 성취는 아브라함에게 행한 약속이 예수 그리스도와 그의 교회 안에서 복음적으로 이루어진다. 미래적 성취는 아브라함에게 하신 하나님의 약속은 구속을 받은 모든 족속을 통해 종말적으로 성취된 것이다.[41]

또한, 약속이 성취된 아브라함과 또 그의 믿음의 후손들에 관하여 글라서(Arthur F. Glasser)는 이렇게 표현한다.

아브라함은 십자가에 못 박히신 그리스도의 모든 제자의 조상이다.[42]
참 '아브라함의 자손들'이라면 그들은 복음을 듣고 열방 가운데로 나갈 것이다.[43]

2) 모세

하나님께서는 모세를 출애굽 사건의 도구로 쓰셨다. 이 출애굽 사건은 하나님 나라에 대한 주제들을 알려 주고 있는데 아서 글라서(Arthur F. Glasser)는 이 주제를 "하나님의 주권 활동", "하나님께 대한

---

41 Winter, Hawthorne, and 한철호, 『퍼스펙티브스 1』, 54.
42 Glasser, 『성경에 나타난 하나님의 선교』, 107.
43 Glasser, 『성경에 나타난 하나님의 선교』, 107.

개인적인 헌신", "하나님을 사랑하고 이웃을 사랑하는 하나님의 백성들의 공동체적 특성과 사회적 책임", "존재하시는 하나님의 뜻에 대항하는 조직적 악" 그리고 "최후 심판"이라고 말한다.[44]

출애굽 사건이 하나님의 주권 하에서 이루어지는 "현재적 실존이며 동시에 아직 이루어지지 않은 미래적인 하나님 나라"[45]의 선교적 이해의 모델이라고 할 수 있는 것이다. 이런 하나님의 선교의 관점에서 도구로 쓰인 모세의 선교적 삶에 관하여 살펴본다.

(1) 황금기 선교사 모세

모세는 어릴 때부터 이중 문화적인 환경 속에서 자라났다. 히브리인구 억제를 위하여 남자 아기들을 죽이는 애굽의 정치적인 상황 속에서 비록 자발적인 떠남은 아니었지만 히브리인 부모의 품을 떠나 타 문화권인 애굽의 왕궁에서 입양된 왕자로서 삶을 살았다. 그러나 유모가 그의 친엄마였고 본인이 히브리 사람인 것을 알았기에 자연스럽게 히브리 문화도 접할 수 있었을 것이다.[46]

모세가 사역을 시작하였을 때에 이스라엘은 애굽의 노예로 종살이하고 있었다. 그 땅에 모세는 보내심을 받았다. 서울기독대학교 교수인 이훈구 박사는 모세를 선교사라고 칭하며 다음과 같이 말한다.

---

44 Glasser, 『성경에 나타난 하나님의 선교』, 141-42.
45 Glasser, 『성경에 나타난 하나님의 선교』, 142.
46 출 1:1-14.

출애굽 사건에서 모세는 하나님의 거룩한 선교에 참여하도록 부탁 받은 선교사로 등장을 한다. 구약신학자 로울리(H. H. Rowely)는 모세를 가리켜서 "우리가 아는 한 최초의 선교사"[47]라고 하였다. 모세는 하나님의 명령을 따라 애굽의 노예가 된 이스라엘에게 보내졌다. 그는 하나님의 능력을 입어 기사를 행하였으며 하나님의 말씀을 전파했다. 방동섭은 출애굽사건을 구약선교의 출발점이라[48] 하였으며, 전 호진은 출애굽 사건은 구약성경에 나타난 선교의 절정이라[49]고 하였다.[50]

또한, 모세는 동족을 괴롭히는 애굽 군인을 살해한 후 애굽을 도망하여 미디안 광야에서 양을 치는 목동의 삶을 살게 된다. 미디안 광야는 구약성경에서 요단 건너편에 있는 사막을 일컫는다. 북쪽의 길르앗에서부터 남쪽의 에돔까지 다양하게 나타난다.[51] 애굽에서는 상당히 멀리 떨어진 또 다른 문화권에서 디아스포라로서의 삶을 살게 된 것이다.

그렇게 그곳에서 40년의 세월이 지난 후 그는 그의 인생의 후반부에 황금기 선교사로서 하나님의 부르심을 받는다. 목동으로서 삶을

---

47 H.H Rowley, *The Missionary Message of the Old Testament* (London: Gilling and Sons Publisher, 1955), 15.
48 방동섭, 『십자군이 아니라 십자가 정신입니다』(서울: 이레서원, 2001), 169.
49 전호진, 『선교학』(서울: 개혁주의신행협회 , 2004), 47.
50 이훈구, "모세의 디아스포라선교 전략", 「복음과 선교」 10, no. 2 (2008): 3.
51 김성, "시내산의 지리적 위치에 관한 연구",「구약논단」 1, no. 10 (2001): 29.

정리하고 새로운 선교사로서 삶을 살게 된 것이다.

성경은 모세의 사역의 첫 등단을 이렇게 전한다.

> 모세와 아론이 여호와께서 자기들에게 명하신 대로 곧 그대로 행하였더라. 그들이 바로에게 말할 때에 모세는 팔십 세였고 아론은 팔십 삼세였더라 (출 7:6-7).

둘 다 팔순이 넘은 인생의 후반부를 살아가는 사람들이었다.

모세가 쓴 시편(시 90:10)을 보면 인생의 수명을 칠십, 강건하면 팔십으로 기록하고 있다. 백 세 시대라고 하는 오늘날도 사실 평균 수명은 당시와 큰 차이가 나지 않는다. 2022년에 발표된 OECD 평균 수명 보고서에 의하면 한국인의 평균 수명은 남녀 평균하여 83.3세이다. 일본이 84.4세이고 스위스가 84세, 그리고 미국인은 그 보다 낮은 78.9세이다.[52]

이런 통계로 비추어 볼 때에 모세가 하나님의 부르심을 받은 팔십 세의 나이는 오늘날의 평균수명 상황과 비교하여 볼 때에 황금기 선교의 대표적인 케이스라고 말할 수가 있다.

빌리 그래함 목사는 자신의 마지막이 가까워 오는 시점에서 저술한 그의 저서 『집에 가까워짐』(*Nearing Home*)에서 모세의 늦은 부름 받음에 대하여 이렇게 기록한다.

---

52 OECD, Life Expectancy at Birth (2018).

사회는 나이를 먹는 것이 삶의 존경받는 단계라고는 여기지 않을 수 있지만, 나의 기도는 예수 그리스도를 믿는 자들이 모세가 120세에 세상을 떠날 때처럼 영광스럽게 마지막 길을 걷길 바라는 것이다(While society may not believe that growing old is a respectablephase of life, my prayer is that believers in Jesus Christ will walkthe last mile of the way triumphantly, as Moses did when he diedat age 120).

성경에는 "모세가 모압 평지에서 느보 산에 올라가 여리고 맞은편 비스가 산꼭대기에 이르매 여호와께서 길르앗 온 땅을 단까지 보이시고, 이에 여호와의 종 모세가 여호와의 말씀대로 모압 땅에서 죽어, 그 후에는 이스라엘에 모세와 같은 선지자가 일어나지 못하였나니 모세는 여호와께서 대면하여 아시던 자요."(신 34:1, 5, 10)라고 기록되어 있다.

이는 놀랍게도 모세가 이전의 순종하지 않은 행동 때문에 땅에 들어가지 못했지만, 하나님은 그를 늦은 나이에 약속의 땅을 바라보게 하셨다(God allowed him to behold the land of promise in his old age).

내가 종종 궁금해하는 것은, 하나님이 그의 주권 아래에서 나이 든 사람들의 시력을 희미하게 만들어 현재의 모습을 흐릿하게 비추게 하시어서 우리가 영적 눈을 이후의 영원에 집중할 수 있도록 하시는 것은 아닐까 하는 것이다(I often wonder if God, in His sovereignty, allows the eyesight of the aged to cast a dim view of the here and now so that we may focus our spiritual eyes on the ever after).[53]

---

53   Graham, *Nearing Home*, 15.

사실 육신적으로 모세는 수명을 다한 일백이십 세까지 그의 눈이 흐리지 아니하고 기력이 쇠하지 아니하였다(신 34:7). 그러나 그것은 사명을 위하여 하나님께서 주신 특별한 은총이었음에 틀림이 없다.

또한 이 말을 역으로 말하자면 우리에게 주신 부르심의 사명을 잘 감당하고 하나님 말씀을 순종하고 산다면 우리 몸에 양약이 되어 골수로 윤택하게 하시겠다는 잠언 말씀(잠 3:8)처럼 주님 만나는 그 날까지 건강하게 복음 증거의 사명을 감당할 수 있는 은혜가 주어질 수 있다고 할 수 있는 것이다.

모세를 여호와께로부터 파송 받은 선교사로 보는 관점은 먼저 그가 종살이하는 이스라엘에게 보냄을 받았기 때문이다.[54] 모세는 애굽에서 종 생활하는 이스라엘 백성들에게 하나님을 스스로 있는 자로, 내가 너와 함께 있는 자로, 거룩한 백성(출 19:6)으로 또 자신들의 조상들인 아브라함과 이삭과 야곱의 하나님 여호와로 알려 주고, 그들을 해방시키는 분으로 소개함으로 선교사가 되었다.[55] 이렇게 모세는 그의 인생을 선교사로 살아가는 황금기 선교사가 되었다.

(2) 모세의 선교적 삶의 모습

모세의 순종은 결코 쉬운 것이 아니었다. 하나님께서 그를 부르셨을 때 그는 하나님께 이렇게 질문한다.

---

54 박보경, 안승오, 『현대선교학 개론』(서울: 대한기독교서회, 2008), 26.
55 Rowley, *The Missionary Message of the Old Testament*, 14-16.

> 내가 누구관대 바로에게 가며 이스라엘 자손을 애굽에서 인도하여 내리이까(출 3:11).

"내가 누구관대"(Who am I)라는 모세의 질문은 많은 것을 생각케 한다. 자기가 생각하는 자기의 실체를 그가 바라보는 것이다.

40년 전 모세는 자신을 스스로 이스라엘의 구원자요 재판관으로 내세웠다(출 2:14). 그러나 이제는 팔십 나이가 된 초라한 양치는 목동이었다. 그것도 자신의 양이 아닌 장인의 양이었다(출 3:1).[56] 더구나 먼 미디안 광야에 머무는 중이다. 자신이 태어난 히브리공동체도 아니었고 자라난 애굽 왕실도 아닌 또 다른 이방 땅이었다. 오죽했으면 그가 아들의 이름을 '내가 타국에서 객이 되었다'라는 뜻의 '게르솜'[57]이라고 했는지 짐작이 간다.

이스라엘의 구원자로, 신적 예언의 선포자로 세우시는 하나님의 부르심 앞에 선 모세의 진술한 자기 고백이다. 40년 전과는 정반대로 이제 무명의 목자로서 자신의 무능과 부족을 철저하게 동감한 데서 나왔을 뿐만 아니라, 막강한 힘과 권력을 가진 바로 앞에 선 자신의 모습을 미리 내다보면서 느끼는 무력감과 좌절감을 그대로 토로한 말인 것이다.[58]

---

56 출 3:1 상, "모세가 그 장인 미디안 제사장 이드로의 양무리를 치더니."
57 출 3:22, "그가 아들을 낳으매 모세가 그 이름을 게르솜이라 하여 가로되 내가 타국에서 객이 되었음이라 하였더라."
58 제자원편집위원회, 『그랜드 종합주석: 출애굽기』, vol. 1, 20 vols. (서울: 제자원,

충분히 공감이 가는 질문이다. 성경에 자세한 직접적인 언급은 없지만 "내가 누구관대"라는 질문은 자신의 나이나 환경이나 능력을 다 포함한 자신에 관한 질문인 것이다. 모세의 이 "내가 누구관대"라는 질문이야말로 대부분 이 시대 시니어들의 복음 사역에 관한 동일한 반응이다. 지금까지 필자가 목회와 선교 사역을 해 오면서 수많은 사람에게 들었던 동일한 음성이기도 하다. 그러나 하나님께서는 모세에게 이렇게 말씀하셨다.

> 내가 정녕 너와 함께 있으리라 네가 내 백성을 인도하여 낸 후에 너희가 이 산에서 하나님을 섬기리니 이것이 내가 너를 보낸 증거니라(출 3:12).

하나님께서는 먼저 하나님께서 함께 하시겠다고 말씀하셨다.
호크마 주석은 이 말씀을 이렇게 해석한다.

> 출애굽은 단지 피지배 민족이 자유를 찾아 탈출하는 단순한 역사적 사건일 수는 없으며 또한 그것은 인간의 힘으로 성취될 성질의 것도 아니었다. 요컨대, 하나님의 일은 하나님께서 친히 함께 하심으로서만 가능하다. 따라서, 하나님은 스스로의 모습을 바라보고 지레 낙담에 빠진 모세에게 "임마누엘"의 약속을 해 주신 것이다(수 1:9). 실로 이 약속이야말로 막강한 100만 대군을 얻는 것보다 더 확실한 보장으로서 그 어떤

2004), 63.

세력에게도 담대하며 능히 무찌를 수 있게 하는 힘이 된다.[59]

이 하나님의 말씀이 모든 사역의 근간이겠지만 특별히 시니어 사역에 있어서는 가장 기본적인 힘과 능력의 근원이 아닐 수 없다. 모든 인생의 후반부를 시작하려고 하는 시니어가 막상 부르심과 사역의 실체 앞에서 누구나 한 번씩은 느껴보는 자화상이기 때문이다. 그러나 모세에게 함께 하시겠다고 말씀하시는 하나님은 부르심 앞에선 그 어느 누구에게도 동일하게 말씀하시는 것이다.

이 순종의 결단은 선교 사역의 부르심 앞에 필수적이다. 그러나 그보다 먼저 반드시 선행되어야 할 것이 있다. 그것은 쓰임 받는 하나님의 도구에 관한 철저한 인식이다.

아서 글라서(Arthur F. Glasser)는 하나님을 개인적으로 만나기 전 모세의 성품을 동족을 괴롭히는 애굽 군인을 죽인 사건을 통하여 이렇게 말한다.

> 모세는 하나님을 개인적으로 만나기 전에는 주저함이 많았다. 자기 백성들을 어떻게 할지 몰라 방황하였다. 과격한 성격임을 드러내었다. 정의에 대한 무조건적인 관심을 보였다.[60]

59 　강병도 편집, 『호크마 종합주석: 출애굽기』, 71.
60 　Glasser, 『성경에 나타난 하나님의 선교』, 114.

이 말은 모세가 스스로 억압받는 자기 백성들을 구출해 줄 수 없었다는 것을 보여 준다. 결국, 이스라엘이 애굽의 종살이에서 해방된 것이 모세가 참여한 '신인협동작전'의 결과가 아니라 오직 하나님께서 모세를 사용하시어 그들을 해방시키셨다는 것이다.[61]

> 하나님께서는 모세를 사용하셨지만 승리하기 위한 도구로 모세가 반드시 필요했던 것은 아니었다.[62]

모든 선교 사역에 헌신하는 선교사는 물론이지만 황금기 선교사들은 특히 이 부분을 반드시 상기하여야 한다. 왜냐하면, 황금기 선교사들은 아무래도 소명의 부르심에 대한 은혜와 감사보다는 그동안 신앙생활 속에서 부담감의 한편으로 자리 잡았던 빚진 자로서의 사명의 완수 또는 그리스도인으로서 보람 있는 노후의 삶에 대한 개인적인 결단의 비중이 선교의 발걸음을 떼게 할 가능성이 더 높기 때문이다.

이러한 선교의 동기는 자칫 많은 문제와 후유증을 남길 수가 있다. 그러기에 하나님의 선교의 도구로 자신을 쓰시려는 그 은혜와 감사가 소명의 인식으로 먼저 다가와야 하는 것이다. 물론, 개인의 믿음의 결단은 반드시 필요하다.

---

61 Glasser, 『성경에 나타난 하나님의 선교』, 115.
62 Glasser, 『성경에 나타난 하나님의 선교』, 115.

그러기에 이 모세의 결단을 아서 글라서는 히브리서 11:24-26[63]을 인용하며 이렇게 말한다.

> 신약성경은 모세가 하나님의 뜻에 따라 자기 백성과 자신을 동일시하고 그들과 일체감을 갖기로 한 결단을 아주 중요하게 기술하고 있다.[64]

그리고 그는 모세와 같은 '믿음의 결정'을 다음과 같이 촉구한다.

> 자기 백성들과 함께 고난을 받겠다는 모세의 결단은 개인적인 위험 부담, 영적인 갈등, 그 후 여러 해 동안 계속되는 고난을 수반하는 것이었다. 모세는 모든 하나님의 백성에게 실제적으로 영적인 사역이 무엇을 동반하는지를 보여 주는 본보기가 되었다. 각 세대마다 모험적인 사람들에게 성경은 분명하게 가르친다. 만일 하나님을 위해 무엇인가를 하려 한다면 모세와 같은 '믿음의 결정'을 내려야만 한다.[65]

---

63 "믿음으로 모세는 장성하여 바로의 공주의 아들이라 칭함 받기를 거절하고 도리어 하나님의 백성과 함께 고난 받기를 잠시 죄악의 낙을 누리는 것보다 더 좋아하고 그리스도를 위하여 받는 수모를 애굽의 모든 보화보다 더 큰 재물로 여겼으니 이는 상 주심을 바라봄이라"(히 11:24-26).

64 Glasser, 『성경에 나타난 하나님의 선교』, 114.

65 Glasser, 『성경에 나타난 하나님의 선교』, 115.

이렇게 모세는 하나님의 선교의 도구가 되어 그의 후반부 인생 40년을 가치 있게 보낸다.

(3) 모세의 선교사 훈련 과정

하나님은 이스라엘 백성을 구원하시기 위한 원대한 계획을 갖고 모세를 애굽 왕실에서 40년 동안, 미디안 광야에서 40년 동안 선교사로 훈련을 시키셨다.

> 이는 하나님의 선교가 인간의 계획에 의한 것이 아닌 신적 활동이란 사실을 각인(刻印)시켜주기 위함이다.[66]

히브리인인 모세는 애굽 땅에서 태어났다. 그의 부모는 레위 족속인 부친 아므람과 모친 요게벳(민 26:59; 출 2:1-2)이었다. 그러나 그는 불행하게도 3개월 후에 더 이상 숨겨 키울 수가 없어서 갈대 상자에 담기어 흘러가는 나일강에 버려지게 되었다(출 2:1-4). 모세는 아직 아무런 표현을 하지 못하는 아기였지만 그의 훈련의 과정은 이미 그렇게 시작이 된 것이다.

하나님께서는 버려진 모세를 애굽 왕 바로의 궁에서 교육을 받도록 하기 위해 바로왕의 공주를 하숫가로 보내셔서 구하여 내셨다. 그리고 생모에게 맡겨져 젖을 뗄 때까지 히브리 문화권 안에서 신앙

---

66 Rowley, *The Missionary Message of the Old Testament*, 15.

으로 양육을 받게 하셨다(출 2:5-9). 그리고 애굽 왕궁으로 입양된 모세는 바로왕의 왕실학교에서 학문과 정치와 지도자가 갖추어야 할 제반 훈련을 받게 하셨다.

모세가 출생할 당시 애굽 왕은 힉소스 왕조가 붕괴되고 애굽의 신왕국 시대의 문을 연 제18조 왕 아모세(Ahmose, B.C. 1584-1560)의 손자인 투트모세 1세이다.[67] 그리고 그의 양모는 바로 투트모세 1세와 아멘호텝 1세의 딸 사이에서 태어난 무남독녀인 '핫셉수트'(Hatshepsut)였다.[68]

그의 아들이 된 모세가 어떤 환경에서 자랐고 교육을 받았는지 성경에는 없지만 충분히 짐작이 간다. 갈대 상자 속의 외로운 버려짐을 통하여 하나님께서는 세계 최강국의 왕궁에서 40년 동안 지도자 교육을 받게 하셨다.

그 후 자기를 죽이려는 바로왕을 피하여[69] 모세는 광야로 도망을 갔다. 그곳에서 그는 미디안 제사장의 딸인 십보라와 혼인하고 가정

---

67 제자원편집위원회, 『그랜드 종합주석: 출애굽기』, 37.
68 강영모 외, 『카리스 종합주석: 출애굽기』, vol. 13, 20 vols. (서울: 기독지혜사, 2002), 222.
69 강병도 편집, 『호크마 종합주석: 출애굽기』, 54.
   모세의 살인사건 당시 애굽의 바로는 투트모세 3세였다. 그는 부친 투트모세 2세와 궁녀 사이에서 태어난 아들이었다. 투트모세 2세의 왕비인 핫셉수트는 아들을 낳지 못하자 모세를 입양하였다. 이러한 때 투트모세 2세가 일찍 죽고 모세의 모친인 핫셉수트가 애굽의 실권을 장악했고 모세의 지위도 격상되었다. 핫셉수트에 눌려 섭정을 당하던 투트모세 3세는 모세를 정적으로 여기고 제거의 기회를 찾고 있었다. 당시 왕자가 수하 군인 하나를 살해했다는 이유만으로 죽음으로 내몰릴 수는 없었다. 그러나 바로는 모세의 애굽인 살해 사건이 있자

을 꾸렸다(출 2:16-22). 성경 본문이나 고증의 자료는 없지만 애굽의 왕자로 살던 사람에게 광야에서 양치는 삶이 어떤 의미인지 충분히 짐작이 간다. 그야말로 40년간의 미디안 광야 생활은 "타국에서 객이 되었다"는 그가 지은 첫 아들의 이름처럼 고적한 나그네의 심정으로 한숨짓는 게르솜의 시간이었을 것이다.

그러나 그 기간은 하나님의 연단 기간이었다. 즉, 장차 선민 이스라엘을 이끌 지도자로서 육체적으로는 광야 생활 및 지리에 익숙하도록 하고, 영적으로는 순종과 겸손 및 자아를 철저히 깨닫도록 한 하나님의 학교였다.[70]

모세가 이 사실을 이미 직시하고 있었음을 둘째 아들의 이름을 통하여 유추해 볼 수가 있다. 모세의 둘째 아들의 이름은 '엘리에셀'이다. 그 원 뜻은 "하나님은 나의 도우심"이란 뜻이다. 모세가 그 이름을 준 것을 성경은 이드로가 광야에 머무는 모세에게 두 아들을 데리고 온 장면을 통하여 이렇게 말한다,

> 내 아버지의 하나님이 나를 도우사 바로의 칼에서 구원하셨다 함이더라 (출 18:4).

이것을 민족 감정으로 비화시켜 정치 쟁점화하여 모세를 죽이고자 하였다.

70 강병도 편집, 『호크마 종합주석: 출애굽기』, 56.

그런데 엘리에셀은 모세가 애굽으로 귀환할 때 할례를 받았다(출 4:24-26). 이 사실을 보면 모세가 둘째 아들이 태어나고 그에게 이 이름을 준 것은 미디안 광야에서 여전히 양을 칠 때라는 것을 알 수 있다.

그런데 첫째 아들인 '게르솜'과는 다르게 하나님께 감사하는 '엘리에셀'의 이름을 붙인 것이다. 그 이유가 미디안 광야에서 거하게 하신 하나님의 뜻을 깨달았음이 틀림없다. 아직 본인이 하나님을 만난 경험이 없기에 '내 아버지의 하나님'이라고, 조상 대대로 들어왔던 그 하나님을 말하지만 분명한 사실은 광야의 훈련 과정을 인식하고 있었음은 자명한 일이다.

실제로 모세의 원래 성격은 사람을 쳐서 죽일 만큼 과격한 성격이었다. 그런데 나중에 이스라엘 백성들과 함께 광야 40년을 지나면서 그는 하나님을 배반한 백성들에게 보인 두 번의 거룩한 분노[71] 이외에는 결코 그의 겸손의 모습을 잃지 않았다. 그런 모세를 민수기에서는 이렇게 묘사한다.

> 이 사람 모세는 온유함이 지면의 모든 사람보다 더하더라(민 12:3).

---

71 두 번의 거룩한 분노
 1) 모세가 시내산에서 십계명 돌판을 받고 내려왔을 때에 송아지 우상을 만들어 경배하는 백성들에게 분노하며 돌판을 던져 깨뜨렸다(출 32:19).
 2) 광야에서 물이 없다고 불평하며 자신들을 공박하는 백성들 앞에서 지팡이를 들어 화를 내며 반석을 쳤다(민 20:1-13).

오랜 훈련의 과정을 거쳐서 준비된 선교사의 모습이다.

또한, 그는 제사장인 이드로에게서 지도자로 세워지는 데 분명 많은 영향을 받았음이 분명하다. 성경은 그의 이름을 통하여 그가 어떤 영향을 모세에게 줄 수 있었는지를 가늠케 한다. 그의 원 이름은 르우엘이었다(출 2:18). 그 뜻은 '하나님의 친구'[72]다.

언제 르우엘이 자신의 이름을 이드로로 바꾸었는지는 분명하지 않다. 모세가 호렙 산으로 가는 장면을 설명하면서 성경에는 그의 이름이 이드로로 바뀌어 등장한다(출 3:1) '이드로'라는 뜻은 '높음' 혹은 '고귀함'을 뜻한다.[73] 이 이름들을 통하여 유추할 수 있는 것은 그가 제사장일뿐더러 미디안의 왕일 가능성이 높다는 사실이다.

물론, 그가 유일신인 여호와의 제사장일 가능성은 낮고 단지 셈 족속의 일반적인 전능자 하나님을 단일신으로 믿었던 사람이라 할 수 있다.[74] 또한, 그가 여호와의 이름에 동의한 것은 학자에 따라 이견이 있지만 모세가 애굽에서 일어났던 하나님께서 하신 일을 이야기한 후이다. 그때에야 비로서 공개적으로 "여호와를 찬송하리이다"(출 18:10)라고 하며 공개적인 신앙고백을 한다.[75]

---

72   아가페성경사전편찬위원회, 『아가페 성경사전』, 407.
73   아가페성경사전편찬위원회, 『아가페 성경사전』, 1412.
74   강병도 편집, 『호크마 종합주석: 출애굽기』, 54.
75   Glasser, 『성경에 나타난 하나님의 선교』, 150. 참조 본문
"이드로가 이르되 여호와를 찬송하리로다. 너희를 애굽 사람의 손에서와 바로의 손에서 건져내시고 백성을 애굽 사람의 손 아래에서 건지셨도다. 이제 내가 알았도다. 여호와는 모든 신보다 크시므로 이스라엘에게 교만하게 행하는 그

그럼에도 불구하고 미디안족의 수장이었던 이드로가 모세가 미디안의 환경에서 적응하며 살고 장차 광야의 지도자로 세워지는 데 큰 도움을 주었음은 의심할 여지가 없다.[76]

특별히, 이드로는 자신의 신앙고백 이후에 혼란을 야기하는 이스라엘의 소송과 심판 제도를 보고 모세에게 이에 관련한 세 가지 원리를 지도한다. 하나님 앞에서 백성을 대표하고 하나님께 내놓는 공정의 원리, 백성들에게 율례와 법도를 가르쳐 스스로 지키게 하는 교육의 원리, 백성들 위에 천부장 백부장 오십부장을 세우는 효과적인 조직의 원리를 알려 준 것이다.[77]

모세는 이드로의 말대로 실행했고 실제 광야 생활을 하면서 이 체제는 이스라엘 백성들의 사회적 안정을 꾀하는 데 큰 역할을 했다.

이런 관점에서 아서 글라서(Arthur Glasser)는 다음과 같이 모세에 대한 이드로의 영향을 정리한다.

> 이드로는 모세에게 자신의 경험을 나누면서 그에게 리더쉽을 확대할 수 있는 파격적인 제안을 하였다. 이것을 통해 모세는 자신이 개인적으로

들을 이기셨도다 하고 모세의 장인 이드로가 번제물과 희생제물들을 하나님께 가져오매 아론과 이스라엘 모든 장로가 와서 모세의 장인과 함께 하나님 앞에서 떡을 먹으니라"(출 18:10-12).

76 김영민, "모세와 바울의 선교사적 삶과 사역을 현대 선교사들에게 적용 방안" (총신대학교 목회신학전문대학원, 2020), 23-24.

77 원리의 명칭은 필자가 이 문제의 배경인 출 18:13-26을 참조하여 붙인 가정적인 명칭의 용어이다.

감당해야 할 사명이 무엇인지 보다 확실히 알게 되었다. 이렇게 이드로의 이야기는 끝이 난다.[78]

모세는 인내를 요구하는 많은 훈련의 과정을 거쳤다. 그리고 선교사로, 특별히 후반부의 인생을 하나님 앞에서 가장 값지게 산 황금기 선교사로서 삶을 살고 기력이 쇠하지 않은 채, 선교지 현장에서 그의 마지막을 아름답게 장식하였다.

아래의 모세의 일생에 관한 인용은 오늘날 황금기 선교를 꿈꾸는 모든 사람이 가슴에 안고 갈 만한 내용이다.

> 모세는 40세가 될 때까지 애굽의 왕자로 살며 자신이 '무엇인가'(Something) 해낼 수 있는 인물이라고 생각했다. 그러나 그는 미디안의 목자로 40년을 지내는 동안 하나님의 도움 없이는 '아무것도'(Nothing) 할 수 없는 자신을 발견했다. 그리고 마지막 40년의 삶은 이러한 경험을 토대로 하나님의 도움에 의해 '어떤 일도'(Anything) 해 나갈 수 있는 일꾼으로 하나님의 구원 사역에 크게 헌신했다.[79]

---

78 Glasser, 『성경에 나타난 하나님의 선교』, 150.
79 강병도 편집, 『호크마 종합주석: 출애굽기』, 59.

2. 신약성경에 나타난 황금기 선교 사례

1) 누가

(1) 의사에서 선교사로

역사학자 유세비우스(Eusebius)에 의하면 누가는 수리아의 안디옥에서 태어난 이방인이었다.[80] 바울은 누가를 사랑받는 의사라고 소개를 한다(골 4:14). 누가는 드로아에서 제2차 선교 여행을 하던 바울을 만난다(행 16:10).[81] 그리고 의사로서의 본업을 뒤로하고 황금기 선교사로서 아직 시니어의 나이는 아니지만 그의 후반부 인생을 바울의 동역자로서 시작을 한다.

누가는 빌립보까지 바울을 동행했다가 바울이 예루살렘을 방문하는 동안 계속 그곳에 머물렀다. 그리고 빌립보로 다시 내려온 바울을 따라 마게도냐에서 드로아로 그리고 소아시아 해안을 따라 밀레도로, 그리고 두로와 가이사랴를 거쳐 예루살렘으로 내려갔다(행 20:5-26). 그곳에서 바울이 체포되어 구류되고 가이사랴에서 위험을

---

80 강영모 외, 『카리스 종합주석: 누가복음』, 22.
81 "바울이 그 환상을 보았을 때 우리가 곧 마게도냐로 떠나기를 힘쓰니 이는 하나님이 저 사람들에게 복음을 전하라고 우리를 부르신 줄로 인정함이러라"(행 16:10).
사도행전에 처음 나타난 "우리"라는 표현으로 볼 때에 사도행전의 저자인 누가가 바울이 환상을 본 드로아에서부터 바울과 동행을 시작하였음을 알 수 있다.

느낄 때에도 누가는 바울과 함께 동행하였다(행 21:15-26).

그 후 누가는 가이사랴에서 구류 생활을 마친 바울을 따라 로마까지 동행을 하였다(행 27:1-28). 그리고 로마에서 감옥 생활을 하던 바울을 도우며 마지막까지 그와 함께(딤후 4:11) 선교의 사명을 감당하였다. 누가는 제3 복음서인 누가복음과 사도행전을 기록한 저자라고 알려져 있다.

미주장로회신학대학교 총장 이상명 박사는 이 저자에 관하여 이렇게 말한다.

> 역사가다운 면모로 예수님의 말씀과 행적을 더듬어 보고, 예수님의 승천 이후 복음이 로마에 당도한 과정을 위풍당당하게 두 권의 책으로 처음 기술한 저술가가 있다. 누가복음과 사도행전을 기록한 누가다.[82]

누가복음 안에는 저자의 이름이 밝혀져 있지 않다. 그러나 기독교 전승(복음서에 대한 반마르시온 서문, 무라토리아 정경, 이레네우스, 알렉산드리아의 클레멘트)은 누가복음이 누가의 기록이라는 사실에 대해서는 한결같이 의견을 같이한다.[83] 또, 누가가 사도행전의 저자임은 데오빌로에게 보낸 편지의 연속성에서 찾아볼 수 있다(행 1:1; 눅1:3-4).[84]

---

82 이상명, 『성서인물에게서 듣다: 신약』(서울: 홍성사, 2013), 191.
83 아가페성경사전편찬위원회, 『아가페 성경사전』, 260.
84 "데오빌로여 내가 먼저 쓴 글에는 무릇 예수께서 행하시며 가르치시기를 시작하심부터"(행 1:1).

또한, 사도행전 곳곳에 나타나는 '우리'라는 저자를 포함한 대명사의 사용(행 16:10-17; 20:5-21:18)과 누가가 바울과 함께 있다는 바울 서신의 기록은 누가가 사도행전 저자임을 뒷받침하고 있다.

(2) 누가의 선교신학적 관점

누가가 기록한 이 두 권의 책은 선교사인 누가의 선교신학적인 관점을 잘 나타내고 있다. 총신대학교의 채은수 박사는 이 책 속에 나타난 선교의 주제에 관하여 이렇게 말한다.

> 누가복음과 그 속편 사도행전에서 선교의 주제는 심오한 중요성을 보여준다. 누가의 이 두 권의 책은 신약 가운데 가장 뚜렷한 교회의 우주적 선교에 관한 제시이다. 누가복음은 예수의 이야기와 그의 구원을 말하고 사도행전은 이스라엘과 이방인에 대한 구원의 운동을 추적한다. 누가복음은 이스라엘에게 약속한 바를 요약함으로써 시작한다.
> 즉, 그것은 어떻게 이 약속이 성취되었는가를 말한다. 사도행전은 그 시작에서 이스라엘의 다시 모음과 나라들에 대한 빛으로서 그 역할에 대해 그 단계를 설정한다. 구원사적 상황에서 적절한 선교 구절들을 누가는 사용한다.[85]

"그 모든 일을 근원부터 자세히 미루어 살핀 나도 데오빌로 각하에게 차례대로 써 보내는 것이 좋은 줄 알았노니 이는 각하가 알고 있는 바를 더 확실하게 하려 함이로라"(눅 1:3-4).

[85] 채은수, "신약성경 저자들의 세계선교지평(Ⅰ)", 「신학지남」 77, no. 2 (2010): 177,

보쉬(Bosch) 박사는 이런 선교적인 관점에서 본 누가의 선교 패러다임의 주된 요소를 성령론, 유대인 선교와 이방인 선교의 상호 연결, 증인, 회개와 죄사함, 경제적 구원에 대한 관심, 화평의 복음, 교회론, 대적과 고난의 만남 등 여덟 가지로 요약한다. 본편에서는 그 중 황금기 선교 사역과 직접적인 관계가 있고 특별히 관심을 가져야 할 실천적인 주제 몇 가지를 논하고자 한다.

① 누가의 성령론

누가는 예수님의 선교 사역이 그의 시대의 교회를 위해 재해석되어야 한다는 것을 깨달았다. 그리고 이 재해석이 선교를 인도하고 추진하는 기폭제인 성령의 능력에 의해 가능하다고 믿었다. 누가는 성령께서 예수님의 세례시에 그 위에 강림한 사실을 누가복음에 기록하고(눅 3:21), 두 번째 '세례'를 위해 강림하실 성령을 예수님을 통하여 나타낸다(행 1:5).

누가의 성령론은 선교 명령의 가능성을 배재한다. 오히려 그것은 제자들이 선교 사역에 나설것이라는 약속을 함축한다. 따라서, 성령은 선교를 시작할 뿐만 아니라 선교사들이 어디로 가야 하며 어떻게 사역해야 하는지에 대해서도 그들은 인도한다.

빌립이 이디오피아의 내시를 만나거나 고넬료의 가정이 성령의 인도함을 받은 베드로에 의하여 성령세례의 은혜를 받은 것이 좋은 예이다. 또한, 바울도 마찬가지다. 바나바와 바울을 선교사로 세우고 파송하는 것도 성령이다(행 13:2-4). 아시아에서 유럽으로 사역의

방향을 바꾸게 된 것도 성령의 인도함이다(행 16:6-9).[86]

이 누가의 성령에 관련된 선교 패러다임은 시니어 선교사들에게는 더욱 필수적인 요소이다. 시니어들은 나이나 건강에 대한 인식 또는 오랜 신앙생활로 생긴 편견 등 자칫 인위적이고 관계적이고 감정적인 부분이 성령의 인도함보다 앞설 수가 있다. 선교지나 또는 선교 사역의 방향을 결정하거나 사역을 실행함에 있어서 늘 점검해야 할 부분이다.

② 증인

누가의 선교 패러다임의 중요한 요소는 사도행전에서 13번이나 사용된 '증인'(μάρτυρες)이다. 이 용어는 누가의 선교 패러다임의 이해에 결정적인 것이다. 이 증인은 예수님을 직접 따른 사도들에게 사용되고 확대되어 바울과 스데반처럼 다른 사람들에게도 적용이 된다. 그리고 나중에는 이 용어가 순교한 스데반에게 사용되며 '순교자'로서 간주되는 것을 볼 수 있다(행 22:20).

이 '증인'은 예수님의 죽으심과 부활 그리고 그의 전체 삶과 사역을 증거하는 사람들이다. 하나님께서 하신 것을 증거하고 그들이 보고 듣고 만진 것을 증거한다. 또 그렇지 않은 후대들은 같은 능력으로 사역되고, 같은 확신을 전달하고 그리고 그것을 듣는 자들에게

---

86 Bosch, 『변화하고 있는 선교』, 184-87.

같은 소명을 불러일으킨다.[87]

이 증인의 삶은 황금기 선교사들 역시 중요하게 무장하여야 할 요소이다. 많은 선교사, 특히 황금기 선교사들이 가지는 선교 사역의 이해에 대한 부족이 증인의 삶에 대한 무지로부터 기인한다. 실제로 필자가 선교 활동을 하면서 선교에 참여하는 많은 사람이 가난에 대한 동정심이나 문화적 또는 신앙적 우월감 또는 상대 비교적인 감사 또는 교리적인 지식의 전수 등이 선교 참여의 동기와 보람이 되는 것을 자주 보아 왔다.

진정한 선교 사역의 통로는 이런 것들이 아니다. 바로 증인의 증거요 삶이다. 본 것을 보았다고 하고 들은 것을 들었다고 하고, 경험한 것을 경험하였다고 하는 것이 증인이다. 그 모든 복음의 증거를 증거하고 또 자신의 삶을 통하여 자연스럽게 사역 현장에 배어 나오게 함으로써 복음이 전해지고 하늘나라가 확장되는 증인의 삶이 바로 선교의 중요한 통로가 되는 것이다.

③ 누가의 구원관

누가의 중요한 선교적 패러다임의 요소는 가난하고 소외된 자들의 경제적인 구원을 포함하는 구원관이다. 누가에게 있어서 구원은 여섯 가지 차원을 가지고 있다고 말할 수 있다. 경제적, 사회적, 정치적, 육체적, 심리적 그리고 영적인 구원이다. 누가는 이 중에서 특

---

[87] Bosch, 『변화하고 있는 선교』, 188-89.

별히 가난하고 소외된 사람들의 경제적인 구원에 특별한 주의를 기울였다.[88]

특별히, 누가는 예수님의 메시야 사역을 누가복음 4장에서 이렇게 설명한다.

> 주의 성령이 내게 임하셨으니 이는 가난한 자에게 복음을 전하게 하시려고 내게 기름을 부으시고 나를 보내사 포로 된 자에게 자유를 눈먼 자에게 다시 보게 함을 전하며 눌린 자를 자유롭게 하고 주의 은혜의 해를 전파하게 하려 하심이라 (눅 4:18-19).

이는 예수님께서 갈릴리 나사렛의 한 회당에서 구약성경 이사야의 예언(사 61:1-2)과 관련하여 행한 설교로서 자신의 메시야 사역의 의미를 밝혀주고 있다. 그 사역은 사회적으로 소외되고 약한 자들, 즉 '가난한 자', '포로 된 자', '눈먼 자', '눌린 자' 등에게 복음 전파, 자유하게 함, 회복 그리고 주님의 은혜의 해를 전파하는 것이라고 하였다.[89]

이런 누가의 가난하고 소외된 자들에 대한 선교학적 패러다임은 그들 만을 위한 복음이 아니라 당시 사회에서는 마치 버림받은 것으로 취급되던 그들까지도 포함한 만민을 위한 구주라는 사실을 말해

---

88   Bosch, 『변화하고 있는 선교』, 190.
89   김정준, "21세기 한국사회와 노인목회의 새로운 과제와 방향", 「기독교 교육논총」 no. 50 (06/30 2017): 176-77.

준다. 『옥스포드원어성경대전』은 이를 이렇게 설명한다.

> 예수께서 가난하고 소외된 자들을 가까이하신 것을 부각시킨 것은 '하나님의 구원의 보편성' (The Universality of God's Salvation)에 대한 누가의 깊은 이해에 기초한 것이다. 즉, 누가는 예수께서 이렇게 가난하고 소외된 자들의 구주시라는 것을 보여줌으로써 그 분의 구원 사역이 모든 계층과 신분을 초월하며 따라서 혈통의 경계까지도 초월한다는 것을 보여 주고 있는 것이다.
>
> 다시 말해서, 유대인이나 사마리아인이나 이방인이나, 남자나 여자나, 부자나 가난한 자나, 세리와 같은 죄인이나 누구든지 그를 영접하는 자에게 구원을 베푸시는 '만민의 구주'라는 사실을 제시하고자 한 것이 바로 누가의 의도였다고 할 수 있는 것이다.[90]

이러한 그의 인간에 대한 순수한 관심은, 선한 사마리아 사람(10:30-37), 돌아온 탕자(15:11-32), 그리고 예수님의 발을 눈물과 향유로 적신 죄 많은 여인(7:36-50)에 대한 기사들에 잘 나타나 있다.[91]

사도행전에는 누가복음보다는 이런 증거가 부족하지만 예루살렘 교회의 나눔의 삶(행 2:44-45)과 이방의 안디옥 교회에서 기근을 만

---

90 제자원편집위원회, 『옥스포드원어성경대전』, vol. 106, 110 vols. (서울: 제자원, 2000), 25-26.

91 아가페성경사전편찬위원회, 『아가페 성경사전』, 262.

난 유대의 가난한 그리스도인 들을 돕는 내용(행 11:27-30) 등은 복음과 세상의 샬롬을 향한 총체적인 누가의 선교신학을 볼 수 있는 부분이다. 이 역시 다양한 인생의 경험을 한 황금기 선교사들이 갖추어야 할 선교의 패러다임이다.

④ 화평의 복음

누가는 사도행전 10:36-37에서 예수 그리스도에 관한 말씀을 화평의 복음이라고 하며 이렇게 기록한다.

> 만유의 주 되신 예수 그리스도로 말미암아 화평의 복음을 전하사 이스라엘 자손에게 보내신 말씀 곧 요한이 그 세례를 반포한 후에 갈릴리에서 시작되어 온 유대에 두루 전파된 그것을 너희도 알거니와(행 10:36-37).

보쉬(Bosch)는 이 화평의 복음과 관련하여 이렇게 말한다.

> 우리의 선교 사역은 다른 측면들에서 성공적일 수 있다. 그러나 우리가 여기에서 실패한다면 우리는 선교의 주님 앞에 죄인이다. 그러므로 내가 볼 때에 화평케 하는 것은 누가의 선교 패러다임의 주된 요소이다.[92]

---

92 Bosch, 『변화하고 있는 선교』, 192.

이 화평의 복음은 특히 황금기 선교사들이 제반 사역을 통하여 최종적으로 맺을 열매이다. 다시 말하면, 화평의 복음이야말로 선교의 성공을 측정할 수 있는 눈금자 이기도 한 것이다. 많은 선교 사역이 영역의 확장면에서 볼 때 성공적으로 보인다.

그런데 그렇게 맺어진 튼튼하게 보이는 영역의 중심이 자칫 화평의 복음이 아닌 시기와 질투와 욕심이 중심을 차지한 결과임을 우리는 수시로 선교 현장에서 볼 수 있다. 어쩌면 사회 속에서 치열한 경쟁의 삶을 살아 본 경험이 있는 황금기 선교사야말로 이 화평의 복음의 최적화된 전달자임이 분명하다.

⑤ 누가 선교신학의 뼈대

디아스포라 은퇴 선교사 누가를 마감하면서 보쉬(Bosch)가 말한 누가의 선교에 대한 이해를 정리한다.

다음 성경 본문은 부활하신 예수님께서 열한 제자에게 하신 말씀이다. 이 말씀은 누가의 '대위임령'이다. 이 말씀은 누가복음과 사도행전을 관통하여 흐르면서 이 두 권의 책을 묶어 주는 '누가의 선교신학의 뼈대'를 구성한다. 그리고 기독교 선교에 대한 누가의 전체 이해를 반영한다.[93]

93　Bosch, 『변화하고 있는 선교』, 151-52.

또, 이르시되 이같이 그리스도가 고난을 받고 제삼일에 죽은 자 가운데서 살아날 것과 또 그의 이름으로 죄 사함을 받게 하는 회개가 예루살렘에서 시작하여 모든 족속에게 전파될 것이 기록되었으니 너희는 이 모든 일의 증인이라. 볼지어다. 내가 내 아버지께서 약속하신 것을 너희에게 보내리니 너희는 위로부터 능력으로 입혀질 때까지 이 성에 머물라 하시니라(눅 24:46-49).

이상명 박사는 이 복음의 증인 되리라는 생명의 소리를 오늘 우리에게 전달되는 생생한 영적 박동 소리로 묘사한다.

태아가 자궁 속에서 탯줄을 타고 전해지는 어머니의 심장 박동 소리를 듣듯, 누가는 우리에게 당대의 생생한 영적 박동 소리를 전한다. 탯줄과도 같은 누가의 두 작품을 통해 지난 이천 년 교회 역사 내내 원시 기독교회의 펄떡펄떡 뛰는 박동 소리가 전달되었다. 그 소리의 울림이 클 때, 영적 생동감을 잃어가는 현대 교회의 회복 또한 이루어지지 않을까?[94]

94　이상명, 『성서인물에게서 듣다: 신약』, 195.

2) 바울

(1) 황금기 선교사 바울

바울은 전형적인 이중 문화적 유대인이다. 의견이 분분하지만 일반적인 견해로는 A.D 1년에 태어나서 그가 68세 때인 A.D 67/68년에 죽었다는 것이 전통적인 가설이다.[95] 로버트 E. 피키릴리(Robert E. Picirilli)는 바울의 삶을 이렇게 특정 짓는다.

> 그를 특정 짓고 있는 한가지는 한 사람의 디아스포라 유대인으로서이다. 예수와 바울 당시에는 로마제국 전역에 걸쳐 여러 곳에 살았던 수백만 명의 유대인이 있었다. 전세계에서 수백만 명의 유대인이 여러 곳에 살고 있었다. 이들은 팔레스틴에서처럼 강력한 것은 아닌 문화적 영향들을 상당히 받았다. 바울은 그러한 가문에서 태어났으며 부분적으로는 디아스포라에서 자라났다.[96]

그는 두 개의 이름을 가지고 있다. 히브리식 이름은 사울(שָׁאוּל)이고 헬라식 이름은 바울(Παῦλος)이다. 이는 유대인 디아스포라들의 특징인 헬라 문화와 유대 문화에 대한 병용의 결과였던 것 같다.[97]

---

[95] 제자원편집위원회, 『그랜드 종합주석: 서신서 개론』, 28-30.

[96] E. Robert Picirilli, 『사도 바울』, 배용덕 옮김 (서울: 도서출판 솔로몬, 1986), 11-12.

[97] 아가페성경사전편찬위원회, 『아가페 성경사전』, 578.

또, 그는 헬라어와 히브리어 두 언어를 유창하게 구사한다(행 21:37-40).[98] 헬라어로 쓰인 신약성경 중 13권이 바울에 의해 쓰였고 또 그가 아덴에서 당대 최고의 헬라 학자들인 에비구레오(Epicurean)와 스도이고(Stoic) 철학자들과 쟁론을 한 사실(행 17:18)[99]이 이를 입증하고 있다. 이런 사실은 그에게서 두 문화가 혼합되어 있음을 잘 나타내고 있다.

① 바울의 헬레니즘 문화 배경

다소에서 태어난 그는 스스로 "나는 유대인이라 소읍이 아닌 길리기아 다소성의 시민이다"(행 21:39)라고 말한다. 다소는 소아시아의 길리기아 지방에 위치한 도시이다. 다소는 길리기아 성의 관문으로 해변에는 무역선들이 정박할 수 있는 시설과 육지에는 통상로를 만들어 여러 지방의 문물들이 흘러 들어오게 함으로 부요한 국제도시를 만들었다. 또한, 히브리 사상과 헬라 사상이 집대성된 곳으로 아덴이나 알렉산드리아 대학들과 견줄 수 있는 학문의 산실이었다.

---

[98] 바울이 에베소에서 유대인 군중들에게 죽임을 당할 위기에 있었다. 이때 천부장이 그를 포박하여 영문으로 들어갈 때에 바울이 헬라어로 그에게 질문을 한다. 천부장이 헬라어를 하느냐고 바울에게 물을 때에 바울은 자신이 다소성의 시민임을 말하며 백성들에게 말할 기회를 얻어 히브리어로 복음을 전한다 (행 21:37-40).

[99] "어떤 에피쿠로스와 스토아 철학자들도 바울과 쟁론할 새 어떤 사람은 이르되 이 말쟁이가 무슨 말을 하고자 하느냐 하고 어떤 사람은 이르되 이방 신들을 전하는 사람인가 보다 하니 이는 바울이 예수와 부활을 전하기 때문이러라" (행 17:18).

이런 다소의 당시 상황은 바울이 지역을 넘어 세계적인 타 문화 선교사요 학자가 되게 했던 배경이 되었다.[100] 그리고 다소는 "로마 원로원에 의해 '리베라 시비타스'(*libera ciritas*)라는 '자유 도시'의 특권을 부여 받은 도시"였다.[101] 바울은 이곳에서 다소의 시민으로 태어났고 성장하였다(행 22:3 상).[102]

<지도 2> 바울의 고향 다소[103]

---

100 고광석, 『개혁주의 선교신학과 문화론』 (서울: 도서출판 엔크, 2018), 245.

101 Picirilli, 『사도 바울』, 13-15.

102 "나는 유대인으로 길리기아 다소에서 났고 이 성에서 자라"(행 22:3 상).

103 ctm news 편집자, "바울의 고향 다소," CTM NEWS, last modified March 22, 2023, accessed March 27, 2023 https://ctmnews.kr/news/view.php?no=47&ckattempt=1.

다소의 시민으로 태어났다는 사실은 그의 가정이 특권층에 속했다는 것을 말해 준다. 당시의 상황으로서 그곳에서 태어나고 자랐다는 사실만으로 자동적으로 시민이 될 수는 없다. 노동자 계층이나 가난한 사람들을 포함한 대중들은 그러한 지위를 소유하지 않았다. 시민권이라는 지위는 보통 영향력 있는 사람들에게 또는 세대를 걸친 상당히 긴 기간을 산 가족들에게 수여되는 것이었다.[104]

이러한 다소 시민권에 관하여 피키릴리(Picirille)는 이렇게 말한다.

> 한 도시의 시민들은 그 도시의 정부에 대하여 책임을 가지고 있었으며, 또한 다소와 같은 자유 도시(*libera civitas*)인 곳에서는 특별히 중요하였다. 시민으로 불리워지는 사람들은 그 도시의 업무들을 운영하기위해 모이며 그 도시의 전체적인 삶에 영향을 미치는 것들을 결정하는 사람들이다.[105]

더군다나 바울은 로마 시민권을 가지고 있었다(행 16:37). 헬라어를 하는 바울에게 있어서 지중해 전 지역의 정치, 경제, 문화를 통합하고 지배하는 로마 시민권을 소유하고 있다는 사실은 대단한 특권이었던 것이다. 로마 시민은 공정한 심리 없이 정죄를 당하거나 처

---

104 Picirilli, 『사도 바울』, 17-18.
105 Picirilli, 『사도 바울』, 17.

벌을 받을 수 없다(행 16:37-39).[106]

또, 로마 시민은 그 자신이 공정하게 취급되지 못했다고 생각되면 황제에게 소송 사건을 상소할 수도 있었다(행 25:10-12).[107] 그가 이러한 특권을 가진 로마 시민권자였다는 사실을 명심한다면 바울에 대한 이해가 훨씬 더 깊을 것이라며 피키릴리(Picirilli)는 이렇게 말한다.

> 세계에 대한 그의 관점과 자세는 아마도 그와 같은 관련성으로 인해 아무런 영향을 받지 않았을 것이다. 그는 하나로 연합된 광범위한 제국의 한 부분이며 확고한 정치적 구조에서 확실한 지위를 누리는 이질적인 세계공동체와 일체감을 가지고 있었다.[108]

그는 그레꼬로만 세계와 동질화되어 있었다. 그리고 그 세계의 한 시민으로서 세계주의적인 눈을 가진 사람이었던 것이다. 바울이 정확하게 몇 살까지 다소에 살았는지 또 다소에서 가정에서의 유대교

---

[106] "바울이 이르되 로마 사람인 우리를 죄도 정하지 아니하고 공중 앞에서 때리고 옥에 가두었다가 이제는 가만히 내보내고자 하느냐 아니라 그들이 친히 와서 우리를 데리고 나가야 하리라 한대 부하들이 이 말을 상관들에게 보고하니 그들이 로마 사람이라 하는 말을 듣고 두려워하여 와서 권하여 데리고 나가 그 성에서 떠나기를 청하니"(행 16:37-39).

[107] 바울은 자신의 소송 사건을 가이사랴의 베스도 총독에게서 재판 받지않고 로마황제 앞에서 받겠다고 이송을 요청하였다(행 25:10-12).

[108] Picirilli, 『사도 바울』, 31.

교육 외에 어떤 일반적인 교육을 받았는지는 성경에 기록이 없다.

그러나 그의 다소 시민으로서 사회적 위치나 뛰어난 헬라어 실력, 그리고 헬라 철학자들과 논쟁할 정도의 논리적 사고와 학식, 로마 시민권자로서 환경 등을 고려해 볼 때에 그의 헬레니즘 문화 배경은 하나님께서 이스라엘뿐만 아니라 이방의 경계를 넘는 복음을 위한 그릇(행 9:15)[109]으로 쓰시기에 충분한 조건이 되었음이 분명하다.

하나님께서는 구원을 향한 하나님의 뜻을 펼치시는 데 사람을 택하시고 그의 배경의 여건에 따라 적절한 도구로 쓰신다. 헬레니즘 배경을 지닌 바울도 마찬가지였다. 바울을 쓰시기 위한 "준비의 주요한 요소들 중의 하나가 다소 사람, 로마 사람, 그리고 헬라 사람으로 그의 다문화적 배경에서 나타나고 있다."[110]

② 바울의 히브리 문화적 배경

바울은 정통 유대인 그것도 바리새인 집안의 아들이었다. 그는 비록 헬레니즘 문화가 그의 성장기에 큰 영향을 미쳤음에도 불구하고 자신이 "히브리인 중의 히브리인"[111]임을 자랑하고 있다.

---

109 "주께서 이르시되 가라. 이 사람은 내 이름을 이방인과 임금들과 이스라엘 자손들에게 전하기 위하여 택한 나의 그릇이라"(행 9:15).

110 Picirilli, 『사도 바울』, 37.

111 "나는 팔일 만에 할례를 받고 이스라엘 족속이요 베냐민 지파요 히브리인 중의 히브리인이요 율법으로는 바리새인이요"(빌 3:5).

"히브리인 중의 히브리인"이라고 소개하는 것을 통해 바울은 어려서부터 히브리어와 아람어를 말하도록 양육을 받았으며, 율법의 조항을 엄격하게 지키는 유대인의 생활방식을 따라 양육을 받았고, 이방인의 풍습에 물들지 않는 유대인의 삶을 유지했음을 추정할 수 있다.[112]

더군다나 그는 율법주의자인 바리새파였다. 바리새파는 율법을 가르치는 유대교의 회당 중심 교육의 존경받는 교사들인 랍비들과 동일시되기도 하였다. 복음서에 나타나는 많은 바리새인이 편협하고 위선적인 무리로 표현이 되고 외적인 행동과 진정한 의를 혼동함으로 말미암아 예수님으로부터 그런 부분에서 많은 질책도 듣지만 많은 바리새인은 자신들의 유대교에 관해서는 헌신적이었다.

또한, 비록 잘못 인식되었다 해도 율법을 지키는 데 있어서 참으로 하나님 앞에서 흠 없는 상태에 있기를 소망하였다. 성경의 여러 곳에서 이런 바울의 열심을 볼 수가 있다(빌 3:6; 갈 1:13-14).[113]

바울은 이런 교육을 먼저 가정에서 받았다. 랍비들에 의하면, 아버지는 한 아들을 양육하는 데 있어서 자녀에게 율법을 가르치는 것

---

112   J. Eckhard Schnabel, 『선교사 바울, 선교의 원리, 선교의 전략과 방법』, 정옥배 옮김 (서울: 부흥과 개혁사, 2014), 48.

113   "열심으로는 교회를 박해하고 율법의 의로는 흠이 없는 자라"(빌 3:6). "내가 이전에 유대교에 있을 때에 행한 일을 너희가 들었거니와 하나님의 교회를 심히 박해하여 멸하고 내가 내 동족 중 여러 연갑자보다 유대교를 지나치게 믿어 내 조상의 전통에 대하여 더욱 열심이 있었으나"(갈 1:13-14).

이 첫 번째의 일이다.[114] 더군다나 대대로 바리새인의 혈통으로 살아온 바울에게 있어서 가정에서의 철저한 율법의 교육은 당연한 것이었고 자연스러운 히브리적 문화의 배경이 몸에 배게 되었다.

그 후 바울은 예루살렘으로 이주를 하였다. 나이는 불확실하지만 그는 랍비가 되기 위하여 가말리엘 문하에서 교육을 받았다(행 22:3).[115]

피키릴리(Picirilli)는 당시 랍비가 되기 위한 교육의 공식적인 이름을 다음과 같이 말한다.

> 히브리성서의 주해서인 미드라쉬(Midrash), 구약의 관행에 대해 랍비들이 율법적 관습들과 관행들을 첨가한 할라카(Halacha), 성경을 주해한 비율법적 강화들인 학가다(Haggadah) 등이다.[116]

바울의 편지들과 사도행전은 바울이 랍비 가말리엘 문하에서 바리새인의 관점에서 모세오경을 공부했다는 점과 예루살렘에 있는 헬라파 유대인 학교에서 기본적인 수사학 교육을 받았다는

---

114 Picirilli, 『사도 바울』, 51.
115 "나는 유대인으로 길리기아 다소에서 났고 이 성에서 자라 가말리엘의 문하에서 우리 조상들의 율법의 엄한 교훈을 받았고 오늘 너희 모든 사람처럼 하나님께 대하여 열심이 있는 자라"(행 22:3).
116 Picirilli, 『사도 바울』, 58.

것을 암시한다.[117]

바울의 하나님에 대한 개념 및 신학적인 교리들은 이런 그의 구약 성경을 기초로 한 히브리적 문화의 배경에서 파생된 것이다. 그 기초위에 헬라적 문화의 배경이 첨가되고 십자가 복음이 그 문화들을 함께 엮음으로써 놀라운 은혜의 교리들이 만들어졌고 땅끝까지 이르러 예수 그리스도의 증인 되는 삶을 산 것이다.

③ 랍비의 길에서 선교사로

한편 바울의 직업은 원래 장막을 만드는 일이었다. 당시의 유대인들은 노동의 가치를 강하게 느꼈으며 아버지가 아들에게 가르쳐야 할 의무 중의 하나가 또한 직업적인 일을 가르치는 것이었다.[118] 랍비들 또한 직업을 가지고 있었다. 티슬턴(Anthony C. Thiselton)에 의하면 다소는 고린도와 같이 수송과 무역의 중심 도시였고 바울은 그곳에서 천막 만드는 것과 가죽 세공 기술을 배웠는데 신발과 술을 담는 부대 등을 만드는데 이런 기술이 사용되었다고 한다.[119]

장막을 만들며 랍비의 길을 가던 바울은 다메섹 도상에서 그가 핍박하던 예수 그리스도를 만나 회심한다. 그리고 그의 인생의 후반부를 선교사로서 헌신하게 된다. 황금기 선교사의 최적의 모델이다.

---

117 고광석, 『개혁주의 선교신학과 문화론』, 245.
118 Picirilli, 『사도 바울』, 58.
119 C. Anthony Thiselton, 『살아 있는 바울』, 윤성현 옮김 (서울: 기독교문서선교회, 2011), 47.

선교사 바울에 관하여 데이비드 J. 보쉬(David J. Bosch)는 이렇게 말한다.

> 바울 신학의 선교적인 차원이 항상 인식된 것은 아니었다. 수년 동안 바울은 주로 교리 체계의 창시자로 간주되었다. 이어서 종교사학파의 등장으로 그는 주로 신비주의자로 간주되었다. 조금 후에 그 강조점은 '교회론적인' 바울로 옮겨 갔다.
>
> 점차적으로 성경학자들은 바울이 또한 그의 서신들 속에서 우선적으로 선교사로서 이해되어야 한다는 것을 발견했다. 1899년에 바젤의 젊은 신학자인 폴 베르네(Paul Berne)는 이방인 선교사 바울(Paul der Heidenmissinar)이라는 선교적인 소명과 사역의 관점에서 그를 탐구한 논문을 펴냈는데, 그 논문은 바울의 첫 번째 학문적인 진지한 시도였다.[120]

1960년대 이후로 바울은 정확하게 첫 번째 기독교 선교사로 인지가 되고 있다 그러기에 바울의 선교와 그의 신학을 구분하는 것은 잘못된 것이다.[121]

마르틴 헹엘(Martin Hengel)은 말한다.

---

120   Bosch, 『변화하고 있는 선교』, 200.
121   Bosch, 『변화하고 있는 선교』, 201.

바울 신학의 '삶의 정황'은 사도를 위한 선교 사역이다.[122]

(2) 바울의 선교 사역의 특징

① 대도시 중심 선교

바울은 늘 새로운 지역을 방문하여 복음을 전했다. 그래서 바울은 일정한 지역을 대표하는 지역의 수도에 집중한다. 마게도냐를 위해서 빌립보(빌 4:15), 마게도냐와 아가야를 위해서 데살로니가(살전 1:7), 아가야를 위해 고린도(고전 16:15; 고후 1:1) 그리고 아시아를 위해 에베소(롬16:5; 고전 16:19) 등 교통, 문화, 상업, 정치와 종교의 주요 중심지를 선택한다.

바울은 중심 도시에 하나의 교회를 세우고, 가능하면 그 교회가 자신의 발로 설 수 있을 때까지 일정한 기간 동안 머문다. 하나의 교회가 어느 정도 성숙해지고 뿌리를 내렸다고 판단되면, 바울은 다른 곳으로 떠난다.

전 세계에 복음을 전하는 것이 그의 목표였기 때문에 그는 복음의 토대를 세우고 그 지방의 중심 도시만 대표적으로 얻는 것으로 충분하였다. 물론, 이러한 중심 도시 선교는 도시에 세워진 교회를 통하여 그리스도의 이름이 도처에 퍼질 것이라는 확신을 전제한다.

---

122 Martin Hengel, 『예수와 바울 사이』 (*Between Jesus and Paul*) (London: SCM Press, 1971), 50.

실제로 이 확신은 성취되었다. 왜냐하면, 데살로니가에 교회가 세워진 지 일 년도 채 못 되어 데살로니가의 교인들에게 보낸 그의 첫번째 편지에서 바울은 "주의 말씀이 너희에게로부터 마게도냐와 아가야에만 들릴 뿐만이 아니라, 하나님을 향하는 너희 믿음의 소문이 각처에 퍼졌으므로"(살전 1:8)라고 말하기 때문이다. 그러므로 바울은 중심 도시에 교회를 세우고 기반이 다져지면, 그 도시가 속한 전 지방이 복음화된 것으로 간주할 수 있다.[123]

② 팀사역

바울의 도시 중심 선교를 가능케 한 것은 그가 다양한 동역자와 함께 한 팀사역이다. 도시에 공동체를 세훈 후 동역자들에게 맡기고 그는 새로운 사역지를 향하여 떠났다.

글라서(Glasser)는 그의 팀사역에 관하여 이렇게 말한다.

> 바울은 팀으로 함께 일했다. 그가 쓴 편지들은 복음 전도와 교회 개척에 함께했던 동역자들에 대한 내용과 그들과의 일체감을 느끼게 하는 표현들로 가득하다(행 14:21-27; 15:1-2). 바울은 그들과 구제와 위로의 일을 함께했던 것들에 대해 언급한다(고전 16:1-2; 고후 8:16-20). 그들은 함께 어려움, 핍박, 그리고 투옥을 당했었다(롬 16:17; 골 4:10).

---

[123] 이승호, "중심 도시 선교 · 동역자 선교 · 교회 선교", 「선교와 신학」 16 (2005): 206.

그리고 바울이 선교 소명에 대해 언급할 때, 그는 선교 활동을 언제나 공동 책임과 공동 노력으로 설명했다. 바울 전도단이 그들의 시대에 전한 하나님 나라의 복음은 '우리 복음'이었다(살전 1:5). 바울은 '나' 또는 '내게'라는 말보다는 '우리' 그리고 '우리에게'라는 말을 선호했다.

그가 쓴 데살로니가전서를 보면, 자기를 나타내는 단수 대명사는 네 번만 나오는데 반하여, '우리'를 표현하는 복수 대명사는 구십 회나 나온다. 바울이 목회서신을 쓸 때 혼자 쓰지 않고 소스데네와 같은 선교의 동역자들과 함께 썼다는 사실에 주목할 필요가 있다(고전 1:1-2).[124]

보쉬(Bosch)는 올로그(Ollrog)의 견해[125]를 인용하여 세 가지 범주의 동역자들로 이들 동역자들을 구분한다.

첫째, 바나바, 실라와 특히 디모데로 구성된 가장 친밀한 집단
둘째, 브리스길라와 아굴라와 디도와 같은 '독립적인 동역자들'
셋째, 에바브로디도, 에바브라, 아리스다고, 가이오 그리고 야손과 같은 지역 교회의 대표자들[126]

---

124 Glasser, 『성경에 나타난 하나님의 선교』, 479.
125 W.H Ollrog, *Paulus Und Seine Mitarbetier* (Neukirchen-Vluyn: Neukirchener Verlag, 1979), 92-106. David J. Bosch가 바울의 동역자의 범주에 인용한 책이다.
126 Bosch, 『변화하고 있는 선교』, 212.

이 외에도 성경에는 수많은 이름 없는 동역자가 나온다(고후 8:18, 22-23; 9:3, 5; 12:18). 이러한 제반 사실을 감안할 때 바울은 오늘날의 용어로서 소위 '팀사역'을 통하여 그의 선교 사역을 효과 있게 진행하였던 것이다.

③ 공동체 중심 선교

바울은 가는 곳마다 그리스도인공동체를 세웠다. 그의 선교 여행 중 낯선 지방을 처음 방문했을 때 그는 주로 유대인공동체의 구심점인 회당을 먼저 찾아서 복음을 전했다(행 13:5, 14; 14:1; 17:1, 10, 17; 18:4; 19:8).[127] 회당이 없는 빌립보에서는 기도처를 먼저 찾았다(16:13, 16). 그가 바리새인이었고 랍비 교육을 받았기에 선뜻 그에게 말씀을 전할 기회를 준 것이 분명하다.

이렇게 복음을 받아들이고 그리스도인이 된 사람들은 각 곳에 그리스도인공동체를 형성하게 되었다. 어떤 종류의 공동체인가 하면 바울이 그의 서신서에서 수 없이 사용한 '에클레시아'(ἐκκλησία) 즉 교회라는 이름의 공동체다. 일반적으로 이 용어는 '세상 가운데서 불러냄으로써 다른 사람들과 구별되는 하나님의 백성'을 묘사하는 말로 사용된다.

---

127 행 13:5(살라미), 14(비시디아 안디옥), 14:1(이고니온), 17:1(데살로니가), 10(베뢰아), 17(아덴), 18:4(고린도), 19:8(에베소).

이 용어는 "주전 5세기경부터 이미 한 도시의 시민들이 자신들의 복지에 영향을 미치는 문제들을 결정하기 위해 모였던 정기적인 '회합'을 지칭할 때 이미 사용"된 용어이다. 신약성경에도 바울이 에베소에 머무를 때 일어난 소요 때에 이런 의미로 이 단어가 사용이 된다(행 19:21-41).[128] 이 용어가 본래부터 종교적인 의미를 내포한 것은 아니었던 것이다.

그러나 바울은 이 용어를 그리스도인의 실제적 모임이나 정기적으로 모이는 공동체, 다시 말하면 예수 그리스도 안에서 모이는 사람들의 모임을 표현하는 데 사용하였다. 교회는 그 구성원인 사람들에게 속한 것도 아니고, 그들이 사는 지역에 속한 것도 아니며, 교회가 존재하도록 하신 분(즉, 하나님이나 그로 말미암아 교회를 생겨나게 하신 분(즉, 그리스도)께만 속한 것[129]으로 묘사된다.[130]

이 그리스도인공동체 '에클레시아'는 처음 바울 당시에는 그 구성원 중의 가정에서 모였다(행 18:7-8; 20:8). 꽤 부유한 가정의 거실은 당시 로마나 헬라 가정의 응접실을 비추어 볼 때에 30명 정도는 편하게 수용할 수 있었고, 많은 경우 이보다 작은 그룹으로 모였다.

특별한 경우에는 드로아에서의 모임처럼 유두고라는 청년이 높은 창틀에 걸터앉아야 할 정도로 큰 모임이 있기도 하였지만(행 20:5),

---

128　Robert Banks, 『바울의 공동체 사상』, 장동수 옮김 (서울: 한국기독학생회출판부, 2007), 62-63.
129　고전 1:1; 고후 1:1(참조, 고전 10:32; 11:22); 롬 16:16.
130　Banks, 『바울의 공동체 사상』, 68-69.

온 교회가 모인 경우에도 구성원들 간에 서로 친밀한 관계를 발전시키기에 충분할 정도로 그 규모는 작았다.[131]

이런 에클레시아에 대한 바울의 구조적인 이해는 '그리스도의 몸'으로 표현된다(고전 12:12-27; 롬 12:3-8). 모든 그리스도인이 각각의 한 지체로서 그리스도의 한 몸에 속한다는 것이다. 이는 교회의 다양성 속에서의 통일성을 말한다. 그러기에 차별이 존재할 수 없고 은사 간의 어떤 우월성이나 차별성도 있을 수가 없다(고전 12:14-31; 롬 12:4-8).

또한, 이 말은 교회의 세상에 대한 책임도 제시해 준다. 세상으로부터 구별하여 부르시어 그리스도의 지체된 '에클레시아'를 삼으시려는 하나님의 뜻과 계획이 이미 부름 받은 교회를 향한 하나님의 뜻이기 때문이다. 그러기에 에클레시아의 존재성은 선교적 교회의 모습에 있다. 그리고 이 공동체의 진정한 역사와 성장은 오직 사랑 안에서 가능하다. 바울은 에베소서에서 이 사랑 안에서 자라는 공동체에 관하여 이렇게 말한다.

> 오직 사랑 안에서 참된 것을 하여 범사에 그에게까지 자랄지라 그는 머리니 곧 그리스도라 그에게서 온 몸이 각 마디를 통하여 도움을 받음으로 연결되고 결합되어 각 지체의 분량대로 역사하여 그 몸을 자라게 하며 사랑 안에서 스스로 세우느니라(엡 4:15-16).

---

131 Banks, 『바울의 공동체 사상』, 76-77.

④ 약함에서 강함

바울은 복음을 위한 헌신의 삶 속에서 늘 약함 속에서의 환난과 고난의 현장 속에서 살았다고 하여도 과언이 아니다. 디아스포라의 삶, 그것도 한곳에서 정착하지 아니하고 성령의 이끌림으로 온 세상을 떠돌며 일했으니 그 형편이 어떠했을지 충분히 짐작이 간다. 바울은 그가 당했던 고난을 고린도후서에서 이렇게 말한다.

> 그들이 그리스도의 일꾼이냐 정신 없는 말을 하거니와 나는 더욱 그러하도다 내가 수고를 넘치도록 하고 옥에 갇히기도 더 많이 하고 매도 수없이 맞고 여러 번 죽을 뻔하였으니 유대인들에게 사십에서 하나 감한 매를 다섯 번 맞았으며 세 번 태장으로 맞고 한 번 돌로 맞고 세 번 파선하고 일 주야를 깊은 바다에서 지냈으며 여러 번 여행하면서 강의 위험과 강도의 위험과 동족의 위험과 이방인의 위험과 시내의 위험과 광야의 위험과 바다의 위험과 거짓 형제 중의 위험을 당하고 또 수고하며 애쓰고 여러 번 자지 못하고 주리며 목마르고 여러 번 굶고 춥고 헐벗었노라 (고후 11:23-27).

그는 복음을 위하여 이렇게 감당하기 어려운 많은 고난을 당했다. 그런데 그는 이 약함들을 향하여 이렇게 말한다.

> 내가 부득불 자랑할진대 내가 약한 것을 자랑하리라 (고후 11:30).

절대 자랑할 것이 못 되는 그 약함들을 오히려 자랑한다고 말한다.

더군다나 바울은 육체의 가시를 안고 살았다. 정확하게 그 가시가 무엇인지 학자마다 의견이 다르고 성경에 설명은 없다. 그러나 그의 육체를 가시처럼 찌르는 엄청난 고통의 대상이었음은 분명하다. 얼마나 고통스러웠으면 "사탄의 사자"라고 표현을 할 정도다(고후 12:7). 그는 그것을 떠나가게 하기 위하여 세 번이나 주께 간구하였다(고후 12:8). 분명 간단하게 드린 기도가 아니었을 것이다.

바울은 귀신도 쫓고 병자도 낫게 하고 죽은 자도 살렸다. 그런데 자신의 아픔에 관하여서는 기도해도 하나님으로부터 아무런 응답이 없었다. 오히려 주께서 주신 음성은 이러했다.

> 나에게 이르시기를 내 은혜가 네게 족하도다 이는 내 능력이 약한 데서 온전하여짐이라 하신지라(고후 12:9).

이 하나님의 응답에 그는 자신을 쳐서 자만하지 않게 하시려는 하나님의 뜻을 깨달으며 이렇게 고백한다.

> 그러므로 도리어 크게 기뻐함으로 나의 여러 약한 것들에 대하여 자랑하리니 이는 그리스도의 능력이 내게 머물게 하려 함이라 그러므로 내가 그리스도를 위하여 약한 것들과 능욕과 궁핍과 박해와 곤고를 기뻐하노니 이는 내가 약한 그 때에 강함이라(고후 12:9-10).

"내가 약할 때 그때에 곧 강함이니라."

보쉬(Bosch)는 이 말씀을 에른스트 푸크스(Ernst Fuchs)의 언급을 인용하여 "신약 전체에서 가장 유명한 역설"이라고 하였다.[132] 가시는 여전히 그를 찌른다. 고난은 가는 곳마다 여전히 그를 기다리고 있다. 그런데 그는 감사함으로 기뻐하며 자신의 여러 약한 것에 대하여 자랑하겠다고 고백하는 것이다.

왜냐하면, 나의 약함 속에 그리스도의 능력이 머물게 되고 그러기에 나의 약함이 강함이 되기 때문이다. 선교의 열정은 여전하지만 자칫 몸과 마음이 약할 수밖에 없는 황금기 선교사들에게 주는 진정한 소망의 도전이다.

---

132 Bosch, 『변화하고 있는 선교』, 214.

제3장

황금기 선교 모델

1. 거주 구별에 따른 황금기 선교사의 세 모델

황금기 선교사의 모델과 각 모델에 적합한 선교 사역을 고찰해 본다. 감리교신학대학교 교수인 장성배 박사의 거주 구별에 따른 선교사 모델 분류에 따라 필자의 경험과 관찰에 의거하여 고찰한다.

<그림 3> 실버 선교의 세 모델들[1]

---

1 장성배, "총체적 선교를 위한 한 전략으로서의 실버 선교", 310.

1) 장기 선교사 모델

장기 선교사 모델은 장기 선교사로 파송되어 현지에서 거주하는 선교사를 말한다. 현지에서 선교지 사람들과 함께 사는 것을 우선시 한다. 그들은 타 문화권 선교 현지의 최전선에서 살면서 선교 현지의 사람들과 관계를 쌓고 성육신적 선교를 이뤄간다.[2]

황금기 선교사도 건강과 언어적인 부분에서 별 문제가 없다면 장기 선교사 모델도 바람직하다. 교회 개척이나 현지인을 통한 개척 지원 사역도 가능하다. 학교 또는 유치원 같은 교육 사업을 통하여 미래의 크리스천 지도자를 양성할 수 있다. 자금력이나 경험이 필수적이지만 비지니스 선교를 통하여 공동체 사역이나 수익금을 통한 사회적 활동을 통하여 사역할 수 있다. 또는 의사, 교수, 교사 등 전문인 선교 형태로 사역이 가능하다.

목회자들의 경우에는 신학교 교수 등의 활동이 가능하다. 은퇴한 목회자들에게는 처치 플랜팅 같은 직접적인 복음 사역보다는 이런 간접 사역이 보다 더 효과적이다. 한국 선교사들이 사역하는 신학교는 거주가 가능하거나 경우에 따라 통역이 가능한 곳도 있다. 또 거주 가능한 선교 센터가 있는 선교지에서는 치안이나 거주 환경 등의 사유로 현지 선교사들과 함께 거주하며 사역을 돕는 팀원으로 협력할 수도 있다.

---

2 장성배, "총체적 선교를 위한 한 전략으로서의 실버 선교", 311.

이런 경우 단기 선교팀이나 후원 네트워크를 선교지에 연결하는 등의 역할도 감당할 수 있다. 장기 거주 하면서 학교의 음식이나 건물 관리를 담당하는 선교 사역 등도 가능하고 본인의 전문적인 기술에 따라 직업학교를 설립하여 사역할 수도 있다.

뉴저지실버선교회(Silver Mission Fellowship) 선교사 중에는 약국, 식당, 학교들을 현지에서 경영하면서 교회 개척, 제자 양육, 구제등의 사역을 하거나 해외 대학에서 초빙 교수로 일하면서 캠퍼스 사역이나 원주민 사역 등을 감당하고 있는 거주자 선교사들이 있다. 또 선교사들이 운영하는 학교, 선교 센터, 병원 등의 관리를 담당하고 있는 선교사도 있다.[3]

최근에는 많은 나라가 공개적인 선교사 신분으로 사역이 불가능하며 직접적인 전도나 복음을 위한 현지인의 접촉마저 허용되지 않는다. 이런 '창의적 접근 지역'의 선교에 합당한 선교 유형이 플랫폼 사역(Platform ministry)이다.

플랫폼의 어원은 'plat'과 'form'의 합성어로 '구획된 땅의 형태'를 의미한다. 즉, 경계가 없던 땅이 구획되면서 계획에 따라 집이 지어지고, 건물이 생기고, 도로가 생기듯이 '용도에 따라 다양한 형태로 활용될 수 있는 공간'을 상징으로 표현하는 단어다.[4] 예를 들면, 하나의 컴퓨터 시스템을 기반으로 무수히 많은 하드웨어 또는 소프트

---

3 뉴저지실버선교회(SMF)
4 윤상진, 『플랫폼이란 무엇인가?』(서울: 한빛비즈, 2014), 43.

웨어가 실행되듯이 공급자와 수요자가 관계를 형성하고 비즈니스적인 거래를 할 수 있는 플랫폼 시스템이다.[5]

플랫폼 사역은 NGO나 학교, 병원, 문화 교류기관, 사업체 같은 단체를 설립하는 것이다. 또는, 이미 설립되어 있는 단체를 통하여 활동할 수도 있다. 이는 신학교 출신 목회자보다 오히려 황금기 선교사들이 더 유리하다.[6]

선교사의 접근이나 제한이 심한 지역에서의 '창의적 접근 플랫폼'(creative-access platforms)은 선교사들에게 그들의 목표를 효과적으로 성취할 수 있는 기회와 사역의 기반을 제공해 주는 실제적 도구이다.[7] 특히, 10/40창(미전도 종족 지역)의 많은 나라가 외국인들의 선교 활동을 엄격히 규제했기 때문에 미전도 종족을 선교하려는 선교사들에게 플랫폼은 그들이 그곳에 체류하는 이유를 제공해 주었다.[8]

최근 이슬람권, 힌두권, 공산권 등 기독교와 선교사 입국을 거부하는 나라들이 입국 제한, 거주 제한, 추방 등 기독교 유입을 적극적으로 저지하고 있다. 이러한 '창의적 접근 지역'에서 선교사들이 NGO 단체를 통해 체류하던 상황이었다.

---

5 윤상진, 『플랫폼이란 무엇인가?』, 43.
6 이현모, 『인생의 후반전은 시니어 선교사로』, 93.
7 Michael Pocock, *The Changing Face of World Missions* (MI: Baker pub group, 2005), 211-13.
8 Pocock, *The Changing Face of World Missions*, 221.

그러나 NGO가 주로 기독교 단체인 것을 알고 있는 현지 정부들이 줄여가는 상황이라 선교사의 비자 획득과 합법적 체류를 위한 대안으로, 또한 경제적으로 낙후된 지역에서 스스로 자립하는 장기적 선교 전략으로 비즈니스 등 이런 플랫폼이 필요하다.[9]

필자가 아는 J 선교사는 미국에서 음악을 전공했다. 선교사들에게 있어서 복음 사역이 철저히 차단된 T 이슬람 국가에서 그는 한국 문화원을 통하여 현지인들을 위한 합창단을 만들었다. 음악은 이슬람 지역에서는 금기시한다. 그러나 이 나라는 이 부분이 다른 이슬람국가보다 훨씬 유연하다. 또 사실 무슬림은 음악을 좋아하고 대부분 음악적인 재능이 있다. 이 합창단 네트워트를 통하여 그는 현지인들과 협력하여 많은 사역을 하고 있다.

축구나 농구 등 구기 종목의 클럽도 좋은 플랫폼이다.

특별히 남미나 아프리카의 청소년들은 축구에 많은 관심을 가지고 있다. 한국의 '월드 헤브론 축구단'은 창립 33주년이 되었는데 한국의 20만 축구인 그리고 세계의 2억 6천만 명의 축구 생활인 그리고 축구를 즐기는 세계 20억명에게 축구를 통해 하나님의 나라를 향한 문화의 가치를 세우는 데 온 힘을 쏟고 전진하고 있다.[10] 선교지 현지에 어린이나 청소년 축구단을 설립하여 그들을 말씀과 기도 속에서 가르치며 운영한다면 선교의 좋은 도구가 될 것이다.

---

9   김성욱, "Bam 선교의 이론과 실제",「선교와 신학 제 32집」(2013): 24.
10 www.worldhebrom.com을 참조하라.

영어나 컴퓨터를 가르치는 학원도 좋은 플랫폼이 될 수 있다.

역시 필자가 아는 동남아의 불교 국가인 L국의 S 선교사는 영어와 컴퓨터 학원을 운영하고 있다. 이곳은 선교사에 의한 복음 전파가 금지되어 있다. 그래서 영어 시간에 직접적으로 하나님이나 예수님 또는 복음에 관련된 말이 없는 잠언에 나오는 성경 구절을 영어로 외우게 한다. 그런데 영어를 배우러 오는 스님 하나가 있었다. 이 스님도 성경 말씀을 열심히 외운다.

2) 단기 선교사 모델

단기 선교사 모델은 비거주 선교사의 형태이다. 선교의 주요 대상이 해외에 있고, 그들을 섬기기 위해 단기적으로 왕래하는 선교사를 말한다. 즉, 짧게는 1-2주, 1-2달, 6개월, 길게는 2년 정도 선교 현지와 관계하면서 여러 가지 선교 동역과 지원 활동을 할 수 있다. 이러한 기간은 현장과 자신의 상황에 맞게 유연하게 결정될 것이다.[11]

은퇴 후 단기 선교사 모델은 일년에 한두 번 정도 짧은 기간 동안 다녀오는 일반적인 단기 선교와는 구별되어야 한다. 한 선교지에 장기적인 사역의 목표를 가지고 단기적이지만 수시로 왕래를 하거나 또는 단기로 여러 사역지를 순회하면서 사역하는 것을 말한다. 이것은 경우에 따라서는 황금기 선교사들에게 있어서 보다 더 적합한 모

---

11 장성배, "총체적 선교를 위한 한 전략으로서의 실버 선교", 311.

델이 될 수도 있다.

'우물 파기 사역'이나 학교의 학기별 강의 같은 사역이 이에 해당될 수 있다. 정기적인 제자 훈련이나 코스별 성경 공부도 '황금기 선교 사역'의 아주 좋은 예이다. 현지 목회자들을 위한 특강이나 세미나 같은 것도 실용적이다. 또한, 건축이나 페인팅 미장 같은 전문 분야의 사역도 얼마든지 가능하다.

필자가 아는 한국에 거주하는 K 선교사는 '전도 폭발' 과정을 여러 선교지를 순회하면서 강의하고 실습하도록 하는데 너무나 좋은 열매를 맺고 있다. 한 분의 미국에 거주하는 한의학을 공부한 L 선교사는 주기적으로 가까운 멕시코에서 노숙자 선교를 하면서 침술로 환자들을 치료하고 있다.

또, 미국에 거주하며 개인 사업을 하는 평신도 C 선교사는 아이티를 수시로 방문하여 전기가 안 들어오는 곳의 교회에 태양열판을 설치해서 십자가 불을 밝히고 밤에도 예배를 드릴 수 있도록 하는 분도 있다. 치과 의사들은 최고 선호하는 단기 선교사이다. 요즈음은 휴대형 치과 장비들도 많이 개발이 되고 있다.

단기 사역인 경우에도 선교사 또는 현지인과 장기적인 목표를 가지고 협력 사역한다면 더욱 효과적인 결과를 가져올 수 있다. 아래의 사진은 필자가 멕시코 샌퀸틴에서 F.M으로 라디오 기독교 방송 사역을 하는 현지인 사역자를 만나서 협력 사역을 할 때에 만든 태양열 라디오이다.

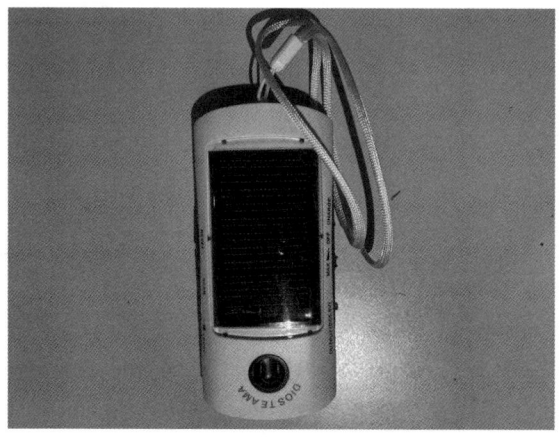

<그림 4> 태양열 라디오[12]

이 마을은 수많은 인디오 원주민이 농장에서 힘들게 일을 하며 깜뽀(Campo)[13]라고 하는 집단 거주지에서 또는 외부에 형성된 거주 단지에 거하는 형태의 마을이다. 라디오 복음 사역이 효과적이긴 하지만 구태여 기독교 방송을 듣지는 않는다. 또, 방송 지역이 그렇게 넓지 못하였다. 그래서 용량이 큰 트랜스미터를 설치하여 청취 가능

---

12 태양열 라디오는 배터리를 갈 필요가 없는 대신 아직 가격이 비싼 편(개당 운송비 포함 10달러)이고 충전기 수명이 장기적이지 못한 단점이 있다. 재정 관계로 1차 진행 후 중단하였지만 지역에서 큰 호응을 얻었다.

13 깜뽀는 농장에서 일하는 인디오들의 거주하는 집단 거주지이다. 이미 정착한 인디오들이 사는 깜뽀는 그나마 조금 낫지만 계절 따라 이동해 오는 노동자들이 거주하는 깜뽀는 도저히 상상이 안 갈 정도의 환경이다. 창문 없는 깜깜한 한칸의 쪽방에 많은 아이와 함께 부부가 생활하며 부엌도 따로 없고 대부분 물도 없는 지역이어서 물 트럭이 공급하는 물을 사서 쓴다. 인간 이하의 삶을 살고 있다.

지역의 반경을 넓혔다. 그리고 아예 FM 88.5인 주파수를 고정시켜서 스위치를 켜면 이 방송만 나오는 라디오를 중국에 주문 제작하여 일 차로 이천 개를 만들었다.

라디오 앞 부분에 쓰여 있는 "Dios Te Ama"는 "하나님께서 당신을 사랑합니다"(God loves you)라는 뜻이다. 달려 있는 목걸이는 안테나이다. 이 안테나를 목걸이로 하여 집집마다 방문하여 놀이감이 없는 아이들 목에 걸어 주었다. 태양열이라 배터리를 갈아야 할 필요도 없다. 어떤 집은 마당 기둥에 걸어 놓고 하루 종일 켜 놓는다.

필자가 설립한 신학교 학생들이 원주민 언어로 설교 방송도 한다. 주민을 위한 교양 프로그램도 방송한다. 24시간 방송인데 자체 프로그램을 다 준비를 못하여 타 지역 방송국과 협약하여 그 방송을 계속 송출한다. 성경과 관련한 재미있는 아이들 프로그램을 제작하여 방송한다면 아이들이 하루 종일 찬양과 말씀 속에서 믿음의 사람으로 자라날 것이 분명하다.

3) 국내 선교사 모델

국내 선교사 모델은 두 가지로 나눠질 수 있다. 국내에 거주하지만 주 목적이 해외 선교를 후원하거나 선교 자원을 동원하는 '보내는 선교사'와 국내의 선교 대상을 향해 선교하는 '국내 사역 선교사'가 그것이다.[14]

---

14 장성배, "총체적 선교를 위한 한 전략으로서의 실버 선교", 312.

어떤 시니어는 자신이 소유한 부동산을 선교사들의 숙소로 무료로 제공하는 사역을 하는 분도 있다. 또, 은퇴할 나이가 넘었음에도 불구하고 사업체를 계속 운영하면서 여러 선교지에 많은 재정 후원을 감당하는 분도 있다. 이런 사역 역시 선교 사역의 한 유형이다. 뿐만 아니라 선교 동원가로서의 역할을 할 수 있다. 자신이 섬기는 교회와 네트워크에 속한 사람들을 선교적으로 격려하고 동원하는 일을 할 수가 있는 것이다.

특별히, 필자가 거주하는 미국 지역은 다문화 지역이기에 국내에서의 타 문화권 선교 사역이 가능한 곳이다. 미국은 모든 인종이 다 모이는 곳이다. 전 세계의 모든 국가에서 이민을 와서 각국의 타 문화권이라는 장벽을 둔 채 사회적으로 어울려 사는 나라이다.[15]

많은 미전도 종족도 이곳에 있다. 조금만 관심을 기울이면 이들에게 복음을 전할 기회를 얼마든지 찾을 수가 있다. 해외에 거주하거나 왕래가 어려운 시니어들에게는 더할 나위 없는 좋은 선교 지이다. 아서 글라서에 의하면 구심적 선교[16]가 가능한 것이다.

연구자가 아는 스페인어를 하는 어느 은퇴한 K 목사는 홈 데포(Home Depo) 앞에서 일용 노동 일자리를 찾는 히스패닉 사람들에게 복음을 전한다.[17] 또, 인도차이나 전쟁과 베트남 전쟁 후 공산권의

---

[15] https://worldpopulationreview.com/country-rankings/us-immigration-by-country의 나라별 이민자 수(US Immigration by Country 2023)를 참조하라.

[16] Glasser, 『성경에 나타난 하나님의 선교』, 99.

[17] 이른 아침에 이들은 일을 찾기 위하여 그곳에 모인다. 노동 인력 시장이 서는

보복을 피해 미국으로 망명한 몽(Hmong)이라고 하는 족속이 있다. 2019년 자료에 의하면 미국에는 약 327,000명의 '몽'족이 살고 있다. 1990년도의 150,000명에 대비하여 많이 증가하였다.

그들은 주로 미네소타, 위스콘신 그리고 캘리포니아에 거주하며 미시간과 콜로라도와 북캐롤라이나에도 거주한다 캘리포니아에는 약 95,000명, 미네소타에 약 90,000명 그리고 위스콘신에 58,000명이 거주한다. 캘리포니아의 프레즈노(Fresno)에 33,000명이 살고 있는데 프레즈노 인구의 약 5퍼센트를 차지한다.[18] 그 지역에 한인교회도 하나 있고[19] 이들을 위해 사역하는 선교사들도 있다. 은퇴 후 국내에서의 선교 사역이 얼마든지 가능하다.

한국의 경우도 타 문화권에서 온 많은 이주 노동자가 있다. 이런 환경이야말로 황금기 선교사들에게는 놀라운 하나님의 축복이 분명하다. 구태여 해외에 가지 않고도 타 문화권 사람들에게 예수 그리스도의 사랑을 나누어 주며 복음을 전하는 기회인 것이다. 그들 대부분이 기본적인 한국어를 한다. 또 통역도 쉽게 구할 수가 있다. 함

것이다. 어느 정도 시간이 지나면 더 이상 이들을 찾는 사람은 없고 아침도 거른 채 어깨가 처져 있는 많은 사람이 남아 있다. 그들에게 아침을 제공하며 복음을 전한다.

18 Factsadnddetails, "Hmong in America", Facts And Details, last modified October, 2022, accessed April 12, 2023, https://factsanddetails.com/asian/cat66/sub417/item2742.html#:~:text=They%20are%20found%20mainly%20in,Paul%2C%20Minnesota, Factsadnddetails.

19 프레즈노 지역에는 장로교, 침례교, 감리교 등 4개의 한인교회가 있다. 모두 몽족 선교에 힘을 기울이고 있다.

께 협력하여 사역을 할 수 있는 이주 노동자들을 위한 사역 단체들도 많이 있다.

이들에게 복음을 전하고 또 지도자를 양성하여 다시 그들의 고국에 파송하여 사역케 한다면 이보다 더 효과적인 선교 사역이 없을 것이다. 특별히 선교 비용면에서 더욱 그렇다. 선교사가 해외에서 거주하며 필요한 선교 비용을 감안한다면 그 효과면에서 비교할 바가 안 된다. 황금기 선교사들이 특별히 관심을 가져야 할 선교 분야가 분명하다.

2. 나이에 따른 모델 분류

한편 이현모는 연령에 따라 황금기 선교 사역을 나이에 따라 세 부류로 구분한다. 시니어 선교사(Senior Missionary)의 약자인 SM을 붙여 50대, 60대, 70대를 각각 SM5, SM6, SM7으로 나누었다.[20]

SM5에 가까울수록 장기 체류하면서 일반 사역에 참여할 수 있다. 현지 언어를 습득하고 전임 선교사와 비슷한 교회 개척 사역의 일원으로 참여하거나 전략 선교사를 돕는 일, 현지 학교를 운영하거나 단기 선교팀을 담당하는 일 등을 할 수 있다. 전문성에 따라서 교수로 사역할 수도 있고 기술학교나 학원 등의 운영을 통하여 사역을

---

20 이현모, 『인생의 후반전은 시니어 선교사로』, 116.

할 수도 있다. 소액 대출 사업도 좋은 선교의 도구가 될 수 있다.[21]

SM6는 일반 전임 선교사의 특성보다는 시니어라는 특성이 좀 더 강조되어야 한다. 장기 체류보다는 3개월에서 6개월 정도 사역하고 귀국했다가 다시 방문하여 사역하는 식으로 반복하는 것이다. 전도 훈련 사역, 양육과 교육 프로그램, 건축, 인터넷이나 홈페이지 작업 지원, 단기 스포츠 또는 음악 프로그램들의 사역이 이 범주에 속한다.[22]

반면 SM7에 가까울수록 의사나 교수, 전문 기술자, 건축사, 음악인, 목회자 등 고도의 전문성을 가진 사람이 좋다. 이 경우 전문성이 요구되는 단기 프로그램을 운영하는 것이 좋다. 단기적인 프로그램의 운영이나 강의 컨설팅 등이 이에 해당한다.[23] 물론, 건강 등의 이유가 없다면 SM6와 같은 사역도 얼마든지 가능하고 경우에 따라서는 SM5 사역도 가능하고 실제로 건강하게 사역을 감당하는 사례도 많이 있다.

---

21   이현모, 『인생의 후반전은 시니어 선교사로』, 117-28.
22   이현모, 『인생의 후반전은 시니어 선교사로』, 128-34.
23   이현모, 『인생의 후반전은 시니어 선교사로』, 135.

3. E-MISSION

현대 사회는 정보화 시대다. 이 정보들은 전자시스템으로 공유가 된다. E-Commerce나 SNS라는 단어가 시니어들에게도 낯설지가 않다. 많은 시니어가 아마존에서 물건을 사고 팔고 페이스 북이나 트위터를 한다. 젊은이들이 주로 하는 인스타그램을 하는 시니어들도 많이 있다. 유튜브나 카카오톡은 시골에 사시는 어르신들에게도 이제는 필수이다.

더군다나 펜데믹으로 인하여 이런 환경이 보통 사람들의 실생활 속으로 성큼 다가왔다. 예배나 학교 교육이 줌 등의 미디어 소프트웨어를 통하여 실시간으로 진행이 되었다. ChatGPT를 시작으로 인공지능이 대중에게 다가왔고 우리 삶의 각 부분에서 적용되고 있으며 발전을 거듭하고 있다.

이런 시대에 살고 있는 우리가 이 전자정보 시스템들을 선교에 어떻게 활용할 수 있는가 하는 것은 효과적인 선교의 측면에서 적극 검토해야 할 과제이다. 특별히 육신적으로 또는 환경적으로 많은 제한이 있는 황금기 선교사들에게는 더욱 그렇다. 왜냐하면, 선교 사역이 반드시 현지에 거주하거나, 선교지로 가야만 이루어지는 것이 아니기 때문이다. 전자정보 시스템을 활용하여 먼 거리에 있으면서도 얼마든지 사역이 가능한 것이다.

필자는 이런 과제들을 E-Mission이라고 칭한다. E-Commerce와 같은 개념이다. 단지 전자 상거래가 아닌 전자 정보 시스템을 활용한 선교 사역인 것이다. 사역의 종류에 따라 다를 수는 있지만 전문적인 컴퓨터나 전자적인 기술이 필요하지 않다. 그저 카톡하는 법을 익히듯이 그렇게 만들어진 프로그램들을 사용하는 법만 익히면 된다.

특성상 이 사역은 현지인 지도자를 교육하는 데 최고의 효과가 있다. 현지에 갈 필요가 없고 또한 여러 지역의 사람들을 동시에 같이 교육할 수가 있다. 현지 지도자를 교육하고 양성하여 그들로 하여금 복음을 전하게 하여 자신들의 문화 속에서 토착교회를 이루게 하고 자립, 자치, 자전의 길을 가게 하는 것이 사역의 주된 목표라면 E-Mission이야말로 최적의 무기다.

또한, 현지 사역자들의 자비량 사역을 위한 기술 교육 같은 것들도 얼마든지 가능하다. 중요한 것은 선교를 향한 의지이다. 또한, 현지인 사역자 또는 선교사와 함께 하는 협력 사역의 정신이다. 이런 마음만 확고하다면 E-Mission을 통하여 황금기 선교사들이 얼마든지 여러 가지 선교 사역에 동참할 수가 있는 것이다.

이와 관련하여 일례로 필자가 현재 하고 있는 E-Mission을 간단히 소개한다. 캘리포니아에서 목회를 은퇴한 필자는 현재 선교지 현지인을 위한 온라인 신학교를 전액 장학금 제도로 운영하고 있다. E-Mission의 일원이다. 영어 프로그램에는 아프리카 10여 개국의 학생들과 태국, 라오스 등의 영어가 가능한 학생들이 공부하고 있고 스페니쉬 과정에는 멕시코, 페루 등의 학생들이 공부하고 있다.

물론, 이 사역은 신학교를 운영 관리하는 전문성이 요구된다. 또 강의도 영어 혹은 스페니쉬로 신학을 강의할 수 있는 교수 능력이 있어야 한다. 다행히 필자는 신학교 사역을 러시아와 미국과 멕시코에서 경험하였기에 학교 행정을 잘 알고 또한 강의를 할 수 있는 교수들과 네트워크가 있어서 가능한 일이었다.

그렇게 신학생들을 지도하면서 아프리카의 콩고 민주 공화국에서 한 학생을 발굴하여 그곳 현지에 적합한 E-Mission 사역 중 홈처치 운동(Home Church Planting Movement)을 시작하였다.

빈톤(Vinton)이라는 석사 과정의 학생인데 대학에서는 영어를 전공하였고 대학원에서 경영학을 공부한 인재이다. 콩고 민주 공화국은 불어권인데 그는 영어뿐만 아니라 스와힐리어를 포함 3개 현지인 언어를 완벽하게 구사한다. 우리 학교에서도 가장 성실하고 학업 완성도가 뛰어난 학생이었다. 하나님께서 아프리카를 위하여 뽑으신 지도자임을 여러모로 확인할 수가 있었다.

그를 통하여 홈처치플랜이 가동되었다. 이런 사역을 현지에 가서 직접 한다면 엄청난 비용이 소요된다. 그러나 현재 아주 작은 후원으로 이 사역은 든든히 서 가고 있다. 자립, 자치, 자전의 선교 전략으로 인하여 자신들 중심의 사역이 되어가고 있다. 선교 본부에는 교회가 따로 없다. 그곳의 스태프들은 자원봉사자들이다. 그들은 각 지역을 다니며 복음을 전한다. 그리고 3-4 가정이 모이면 하나의 홈처치를 만든다. 그리고 각각의 홈처치에 두 명의 리더를 세운다.

요즈음 한국이나 미국에서 말하는 그런 한 교회의 셀 그룹이 아닌 실제로 초대 교회 같은 가정교회이다. 주일예배와 성경 공부 그리고 성도들의 코이노니아가 한 가정에 모여서 이루어진다. 그리고 그들은 또 복음을 증거하여 새로운 가정교회를 만들어 나간다. 계속하여 세례가 베풀어지고 새 가정교회가 세워지고 있다.

현재 콩고 민주 공화국에만 약 60개의 홈 처치가 활발히 움직이고 있고 아프리카의 타국에서도 세워지고 있다. 한 가정교회가 아이들을 포함하여 대략 20여 명이 넘고 교인들의 80퍼센트 이상이 새 신자이다.

중요한 과제는 리더들의 교육이다. 현지 본부의 스태프들은 이곳 미국에서 복음, 전도, 리더쉽, 성경 공부 인도, 주일학교 운영 등에 관해 줌으로 계속 실제적인 훈련을 하고 있다. 강사들이 실시간으로 영어로 강의하면 현지에서 바로 불어 또는 현지어로 통역하여 교육을 하고 있다. 또, 홈처치의 리더들을 위하여 그곳 본부에서 계속 교육하는데 본부와 가까운 곳은 본부에서 또 먼 곳은 순회하며 집체 교육을 하고 있다.

그 중 영어를 할 수 있는 리더들 중 소명이 발견되면 추천을 거쳐 우리 신학교에서 공부하게 된다. 아직 이 리더 훈련 부분이 많이 보완되어야 하지만 앞으로 아프리카에 인터넷 기반이 자리 잡으면 홈처치 리더들 교육도 얼마든지 줌으로 가능하다. 또 각 홈처치의 컴퓨터 보급과 함께 자료를 담은 USB 등으로 얼마든지 훈련이 가능하다.

제4장

황금기 세대의 선교 자원으로서 고찰

1. 선교 자원으로서 가능성

먼저 한국에 거주하는 시니어들의 인구 통계를 살펴본다.

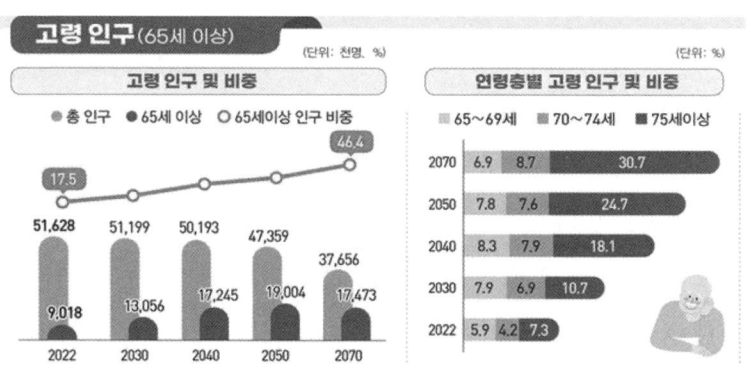

<그림 5> 한국의 고령 인구 비중(65세 이상)[1]

1　대한민국 통계청, 고령 인구(65세 이상) 비중(서울: 통계청, 2022).

통계청이 발표한 '2022년 고령자 통계'를 보면, 7월 1일 기준 국내 65살 이상 고령 인구는 901만 8천명으로 지난해와 비교해 볼 때 5.2퍼센트(44만 7천명) 증가했다. 고령 인구가 900만 명을 돌파한 것은 처음이다. 전체 인구(5163만 명)에서 고령 인구가 차지하는 비중도 17.5퍼센트로 불어났다. 통계청은 오는 2025년 한국의 고령 인구 비중이 20.6퍼센트로 올라가며 초고령 사회로 진입할 것으로 내다봤다.

국제 기준상 65살 이상 인구 비중이 14퍼센트 이상이면 고령 사회, 20퍼센트 이상이면 초고령 사회라고 부른다. 한국이 고령 사회에서 초고령 사회로 넘어가는 데 걸리는 시간은 7년으로 일본(10년), 미국(15년), 영국(50년) 등보다 훨씬 짧다. 가구주 연령이 65살 이상인 고령자 가구도 올해 전체 가구의 24.1퍼센트에 머물렀으나, 2050년에는 전체의 절반인 49.8퍼센트로 늘어날 것으로 전망됐다.[2]

2022년을 기준으로 하여 9백만 시니어 중 기독교인을 최소한으로 잡아 15퍼센트로 치면 백만 이상의 시니어가 있다.[3] 그중 선교에 관심 있는 비율을 5퍼센트로 잡으면 50,000여 명이 된다.[4] 그중에도

---

2 박종오, "고령 인구 900만명 돌파 … 노인을 위한 한국, 어떻게?", 「한겨레신문」 (September 29, 2022), accessed September 10, 2023, https://www.hani.co.kr/arti/economy/economy_general/1060660.html.

3 2022년 종교 인구 통계는 개신교인을 전체 인구의 20퍼센트로 나타내고 있다.

4 5퍼센트의 수치는 본인의 30년간 목회와 선교의 경험 속에서 통계된 실제 선교에 개인적으로 직간접적으로 동참한 사람들의 평균 비율 수치다.

관심뿐만 아니라 실제 선교 가능한 나이와 건강과 활동이 가능한 수치를 30퍼센트라고 계산하여도 15,000여 명의 황금기 선교사가 추산된다.

　한인들이 가장 많이 사는 미국의 경우도 그렇다. 2년에 한 번씩 발표되는 외교부의 해외 동포 인구 자료에 의하면 2022년 말 기준으로 합법적으로 총 263만여 명에 달하는 한인이 미국에 거주하는 것으로 집계되고 있다.[5] 2021년 기준, 그중에서 65세가 넘는 시니어의 비율은 다음과 같다.

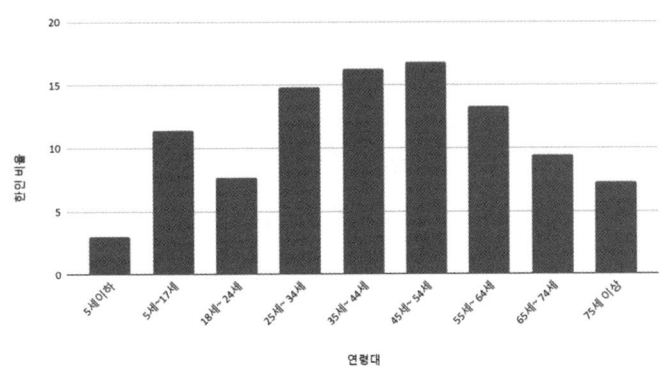

<그림 6> 미주 한인 연령대별 분포[6]

5　KOSIS(통계청), "한국 재외 동포", KOSIS(통계청), last modified September 29, 2022, accessed March 30, 2023, https://kosis.kr/statHtml/statHtml.do?orgId=101&tblId=DT_2KAA215.

6　이현진, "한국 정부 발표, 미국 한인 수 263만 명", *Corolodo Times* (October 14, 2022), accessed April 1, 2023.

위의 자료로 계산해 보면 대략 65세에서 74세가 23만 5천명, 그리고 75세 이상이 19만 명 정도이다. 40만 명이 넘는 한인 시니어들이 미국에 살고 있는 것이다. 또, 미국의 통계 전문 기관인 Statista의 자료에 의하면 2020년 기준 65세 이상의 인구 비율은 16.9퍼센트이다.[7] 이 통계의 비율에 의거하여도 비슷한 숫자이다.

그런데 이 숫자는 빠르게 증가하고 있다. 위의 조사에 의하면 1950년에는 8퍼센트였는데 2030년에는 20.6퍼센트, 2050년에는 22퍼센트에 이를 것으로 전망하고 있다.[8]

미주 한인 중 160만 명이 개신교인인데 그중 시니어 개신교인은 24만 명이 넘는다. 그중 선교에 관심이 있는 시니어를 역시 전체 시니어 개신교인의 5퍼센트로 잡았을 때 12,000여 명의 수치가 계산된다. 그중에서 실제 선교 가능한 나이와 건강과 활동이 가능한 수치를 30퍼센트라고 계산하여도 약 3,500여 명이 넘는 시니어 선교사 자원이 추산된다.

더군다나 미국에서 안정된 위치에서 살고 있는 고학력의 많은 전문직 시니어가 65세 이전에 은퇴하는 것을 감안하면 이 비율은 훨씬 높다.

---

7   Erin Duffin, "Share of Old Age Population (65 Years and Older) in the Total U.S. Population from 1950 to 2050", Statista Inc, last modified September 20, 2020, accessed April 1, 2023, https://www.statista.com/statistics/457822/share-of-old-age-population-in-the-total-us-population/.

8   Erin Duffin, "Share of Old Age Population (65 Years and Older) in the Total U.S. Population from 1950 to 2050".

한국과 미국 그리고 다른 나라에 사는 한인들까지 계산해 본다면 20,000여 명의 황금기 선교사 자원이 추산된다. 이는 실로 엄청난 선교의 잠재적인 인적 자원이 아닐 수가 없는 것이다. 바른 동기 부여와 교육과 정보 제공과 관리가 이루어진다면 시니어를 통한 새로운 선교 사역의 물결이 충분히 가능하다고 사료되는 것이다.

2. 선교 자원으로서 장점

한편으로 많은 크리스천 시니어는 각 교회에서 장로, 권사, 집사의 직분으로 교회를 섬겼던 오랜 신앙의 경륜이 있으신 분들이다. 오랫동안 교회를 섬기면서 기도와 말씀과 봉사에 뿌리 깊은 경험을 하였다. 개인적인 믿음뿐만 아니라 여러 분야의 사역을 통하여 헌신의 과정을 경험하고 충실히 감당한 사역의 베테랑들인 것이다.

그러기에 이 중에 많은 사람이 설교나 성경 공부 지도도 얼마든지 가능한 분들이다. 더군다나 이들은 한국 교회 또는 이민교회의 부흥 성장과 발맞추어 함께 성장해 온 교회의 주역들이다. 급격한 교회의 부흥과 성장을 경험하고 이끌어 온 장본인들인 것이다.

또한, 한국이 현재 세계 제2 선교 대국의 반열에 오르기까지 많은 선교의 동참이 있었는데 현 시니어들 중 많은 사람이 그 사역의 주축을 이루었던 경험이 있는 분들인 것이다.

또한, 특기할 만한 사항 하나는 여러 분야의 자영업을 경영한 경험자들이나 또는 각 분야에서 오랫동안 전문가로서 활동한 사람들이 대거 포진하고 있다는 사실이다. 현대의 선교 현장은 전문인 선교의 논의와 실험이 한창이다.

1989년 마닐라에서 열린 제2차 '로잔 세계복음화 대회'에서 미전도 종족이 80퍼센트가 넘는다는 통계가 발표되고 전문인 선교가 강조되면서 '국제 텐트메이커(Tent-maker)협회'가 생겨났다. 1992년 '미국 텐트메이커협의회'(USAT)가 구성이 되면서 본격적인 활동을 시작하였다.

한국은 1993년 8월에 20여 개의 해외 선교 단체들이 모여 만든 '한국전문인선교협의회'(KAT)가 결성이 되어 전략적인 협력으로 전문인 선교가 활성화하게 되었고 2000년 '한국 전문인 선교대회'가 개최되었다. 그리고 2002년에 제주도에서 '세계 전문인 선교대회'가 개최되기도 했다.[9]

리빙스턴재단의 최고 경영자인 켄 엘드레드(Ken Eldred)는 다음과 같이 전망했다.

---

9   한국전문인선교협의회, 『선교의 패러다임이 바뀐다』 (서울: 도서출판창조, 2000), 218.

비즈니스 선교는 21세기 선교에 돌풍을 일으킬 주요 수단이 될 것이다.[10]

따라서, 각종 비즈니스 경험이 풍부하거나 또는 한 분야에서 전문가로 살아온 시니어들이야말로 이 부분에서 가장 적합한 선교 자원임에 틀림이 없다.[11] 특히, 기존의 전통적인 선교사들과 함께 동역하면서 비즈니스와 복음 증거 사역을 나누고 또 상호 협력한다면 선교의 측면에서 더 말할 나위 없는 효과적인 사역이 될 것임에 틀림이 없다.

한국의 '시니어 선교 한국'에서는 '이모작 선교 네트워크'라는 기구를 통하여 선교사들의 비즈니스 사역을 돕고 있다. '재능 기부 선교사'들을 발굴해서 필요한 사역지에 연결해 주어 선교사들의 소규모 창업이나 운영을 단기적으로 도와준다.[12]

더 큰 장점은 그들은 모두 미국 각 지역에서 타인종 문화 속에서 살아왔다는 사실이다. 더군다나 언어와 문화별로 구분한다면 실로 많은 다양한 민족과 접하며 살아온 것이다. 선교사들이 처음 선교지

---

10 Ken Eldred, 『비지니스 미션』, 안정임 옮김 (서울: 예수전도단, 2006), 49.
11 필자가 잘 아는 남가주 지역 시니어들을 보면 목사, 교수, 상담가, 의사, 한의사, 약사, 검안의, 테크니션 등의 전문직 또는 건축, 자동차 정비, 자동차 바디, 페인트, 전기, 배관, 냉동, 에어컨, 요식업, 미용, 세탁소 등의 개인 사업가 출신의 각 분야의 전문가가 대부분이다.
12 최철희, 『인생 이모작 시니어 선교』 (서울: 코람데오, 2014), 116.

에서 겪는 문화적 충격을 이미 수도 없이 경험하였고 그 충격 속에서 자신의 자리를 그런대로 성공적으로 구축하여 온 경험자들이다. 한국도 그렇다. 다문화 가정이 많이 있고 많은 시니어가 이미 그런 문화적 충격을 직간접적으로 경험하며 살아온 것이다.

더군다나 시니어들은 자녀 양육에 대한 부담이 적다고 할 수 있다. 대부분 젊은 선교사들의 제일 큰 부담이 바로 자녀에 관한 문제이다. 필자도 러시아, 유고슬라비아 선교를 하면서 가장 어려운 부분이 바로 자녀들의 양육과 교육 문제였다.[13] 대부분의 선교사가 동일한 경험들을 한다.

이현모는 이 부분에 관하여 이렇게 말한다.

> 선교사가 되면 우리 나라에서 지낼 때보다 더 많은 시간을 자녀에게 투자해야 한다. 선교 사역은 평범한 직장생활과 달리 출퇴근 시간이나 근무 시간이 정해져 있지 않다. 따라서, 시간상 가정생활과 사역이 아무 경계 없이 혼재하게 마련이다. 그러다 보면 사역이 기대보다 효율적이지 못할 때가 종종 있다. 자녀 양육의 부담을 버릴 수 없는 한 이런 비효율적인 사역은 피할 수 없다.[14]

---

13 1902년 2월 모스크바에 처음 갔을 때에 어느 학교에서도 아이들을 받아 주지를 않았다. 외국인 아이를 한 번도 가르쳐 본 경험이 없기에 도무지 어떻게 해야 할지 모르겠다는 것이 그 이유였다. 6개월 동안 눈 밭에서 놀다가 아이들이 불어를 하였기에 겨우 밀리 있는 프랑스어를 중점적으로 가르치는 현지 학교를 찾아 입학을 하였다.

14 이현모, 『인생의 후반전은 시니어 선교사로』, 59.

선교지의 많은 나라가 정치, 경제, 사회적으로 불안정한 나라들이 많이 있다. 외국인이라는 눈에 띄는 모습으로 인하여 강도와 여러 범죄의 공격 대상이 되기도 한다. 이런 여러 가지 사유가 선교사 자녀들의 올바른 인격 형성에 얼마든지 방해가 될 수도 있다. 더군다나 이들의 대학 진학 문제는 정말 심각하다.

자녀들이 대를 이어서 선교사가 된다면 현지 대학이 낫겠지만 그들의 또 다른 미래를 생각해 보면 당연히 가장 큰 기도 제목의 하나가 아닐 수가 없다. 그러나 시니어들은 이 부분에서 완전히 자유롭다. 또 우리의 자녀들은 대부분 각자의 위치에서 안정된 삶을 누리고 있기에 오히려 시니어 선교사들의 든든한 후원자가 될 수도 있다.

또, 한 가지 시니어 선교사들의 큰 장점 중 하나가 재정적인 안정이다. 무엇보다도 선교사의 재정적인 부담은 늘 선교사에게 상존하는 문제이다. 더군다나 선교 후원의 분위기가 많이 가라앉은 현 시대에 이 부분은 대부분의 선교 현장에서 가장 절실하게 부딪히는 현실적인 문제인 것이다. 시니어들은 이런 면에서 유리하다.[15] 자비량으로도 얼마든지 사역이 가능하다는 큰 장점이 있다. 또, 후원금 모금도 필요할 시 이미 구축된 다양한 관계의 네트워크가 도움이 된다.[16]

---

15 이현모, 『인생의 후반전은 시니어 선교사로』, 61.
16 본 논문의 사례 연구 대상인 세 분의 선교사는 모두 자비량을 기초로 하여 사역을 하고 있고, 본인들의 네트워크를 통한 자발적인 후원이 이루어지고 있다.

또, 그동안 오랜 사회생활과 직장생활을 통해 키운 원숙한 대인관계 능력이 선교지에서 큰 도움이 된다. 선교지에서 지내다 보면 해결하기 힘든 여러 갈등 상황을 경험하게 마련이다. 이럴 때에 똑 같은 문제에서도 시니어 선교사들은 여유롭게 갈등을 소화할 수 있다. 선교 사역에서 볼 때 이런 점은 굉장한 자산이다.[17]

3. 선교 준비 및 극복해야 할 과제들

1) 기본적 준비 과정

모든 선교사는 선교 현장에 투입되기 전 반드시 준비 과정이 필요하다. 이는 인생의 후반부를 선교사로서 헌신하고자 하는 사람들에게도 마찬가지이다. 특별히 그들은 전문성과 신앙의 경륜은 있다 할지라도 체계적인 신학 교육이나 선교에 관련한 특정 교육은 받을 기회가 없었다. 특별히 그들 대부분이 연장자다. 이런 점들을 감안한다면 여러 측면에서 일반 선교사들과는 다른 교육이 필요하다.

가장 중요한 준비는 선교에 대한 하나님으로부터의 부르심이 있는지에 대한 확인이다.[18] 전통적인 선교사들은 신학을 공부하면서

---

17 이현모, 『인생의 후반전은 시니어 선교사로』, 57.
18 장성배, "총체적 선교를 위한 한 전략으로서의 실버 선교", 317.

또한 사역을 하면서 대부분 이 부분의 검증 과정을 거치면서 선교사로서 헌신을 하게 된다. 그러나 황금기 선교사들은 그렇지 못하다. 자칫 일시적인 감정이나 또는 단지 노후를 무엇인가 보람 있게, 그것도 이왕이면 하나님 나라를 위해 보내자는 단편적인 동기에서 출발하는 경우가 의외로 많은 것이다.

이렇게 분명한 소명과 목적이 확인되지 않은 채 실버 선교사가 되면 후에 선교 현장에서 많은 문제가 야기된다.

장성배 박사는 이에 관하여 이렇게 말한다.

> 실버 선교는 노후에 또 다른 일거리를 찾는 수단이 아니다. 그것은 거룩한 부르심이고 죽을 때까지 하나님 나라 확장을 위해서 헌신하는 사명자의 길이다.[19]

소명에 대한 확신이 분명하다면 다음은 선교와 관련한 신학적 체계를 갖추는 것이다.

그중에 무엇보다도 중요한 것은 성경을 선교적으로 읽는 것이다. 사실 성경은 하나님의 선교와 이에 동참하는 사람들에 대한 이야기이다. 이 땅을 회복하기 원하시는 하나님의 경륜과 이에 쓰임 받은 사람들에 대해 보다 명확히 알아갈수록 실버 선교사는 말씀 가운데 흔들림 없는 사

---

19 장성배, "총체적 선교를 위한 한 전략으로서의 실버 선교", 317.

역을 감당할 수 있을 것이다.[20]

그중에도 복음과 관련한 신학적 뒷받침이 확고하게 정립이 되어야 한다. 복음은 그리스도의 신성과 동정녀 잉태(the deity and virgin birth of Christ), 십자가 위에서의 대속적 죽음의 필연성(the necessity of his atoning death on the cross) 그리고 인류 구원을 위한 부활(his resurrection for humanity's salvation) 등을 포함하는 성경의 권위를 바탕으로 한 교리적 견해이다.[21]

선교 사역의 궁극적인 최고의 목표는 복음 전파를 통한 영혼 구원이다. 버카일(Jonammes Verkuyl)은 교회 선교 사역의 궁극적인 이유와 사역의 우선순위를 제시하면서 그 첫 번째 자리가 개개인의 영혼 구원을 위한 경건한 목표라고 말한다.[22] 이 영혼 구원은 결국 복음의 이해와 믿음의 수용으로 인하여 가능한 것이다.

또한, 황금기 선교사들은 기초적인 선교신학과 선교 역사를 공부함으로써 선교에 대한 전반적인 지식과 이해를 갖추어야 한다. 그리고 자비량 선교, 비지니스 선교, 평신도 선교, 협력 선교 등 현대 선교 트렌드를 배우면서 자신들에게 합당한 사명을 고려하도록 하여

---

20 장성배, "총체적 선교를 위한 한 전략으로서의 실버 선교", 320.

21 Michael Pocock, Galvin Van Rheenen, and Douglas Mcconnell, *The Changing Face of World Missions* (Grand Rapids: Baker Academic, 2005), 133.

22 Johannes Verkuyl, *Contemporary Missiology* (Grand Rapids: Eerdmans, 1978), 176-97.

야 한다. 그러기에 그들에게 필요한 적절한 교육과 합당한 사역의 방향을 제공해 주는 전문 선교 기관을 통한 선교사로서의 준비 과정이 반드시 필요하다.

2) 타 문화권의 이해와 습득

위에서 언급한 기본적인 준비 이외에 황금기 선교사들은 개인적으로 극복해야 할 과제들이 있다. 이 부분이 기본적인 준비보다도 더 어려운 극복해야 할 과제일 수 있다. 그중 모든 선교사에게도 해당이 되겠지만 특별히 황금기 선교사들이 넘어야 할 가장 힘든 과제 중의 하나는 타 문화를 배우고 익히는 것에 관한 부분이다.

정용암 박사는 타 문화에 대한 선교사들의 자세에 관하여 이렇게 말한다.

> 선교사들의 자민족 중심주의에서 타 문화를 평가하고 선교하려고 해서는 안 된다. 자국에서 선교적 활동이라고 생각하는 방법으로 접근하는 것은 안개를 증가시키는 결과[23]를 초래한다. 실제적인 개종을 이루기 위해서는 선교지의 문화를 깊이 있게 이해하고 그들의 입장에서 선교적

---

23 도널드 맥가브란은 복음 전도를 위한 예측과 전략을 가로막는 요인들을 일컬어 "보편적 안개"라고 표현하였다. 그런 안개들을 제거해야만 개종에 이르는 교회 성장(복음 전도)이 가능하다고 보았다.

접근을 할 때 보편적 안개를 제거할 수 있다.²⁴

기본적으로 사람들은 자신의 문화를 떠나 새로운 문화 속으로 들어가게 될 때에 다음 두 가지의 반응 중 하나를 보이게 된다. 그것은 감정이입(empathy), 수용(acceptance), 동일시(identification)이거나 아니면 문화충격(cultural shock) 또는 거부(rejection)로 나타나게 된다.²⁵

캐나다 OMF의 디렉터를 역임한 라이맨 E. 리드(Lyman E. Reed) 박사는 선교사가 겪는 이런 문화충격을 다음과 같이 설명한다.

> 문화충격이란 새로운 문화 환경에 대한 개인의 반응(A personal's reaction toward the new cultural environment)을 일컫는다. 이 용어는 다른 장소에서 발생하는 그 전에 자신이 알았던 관습이나, 행동과는 전혀 다른 문화적 방식에 대한 개인의 반응을 가리켜 말하는 것이다. 이상한 광경, 소리, 그리고 어떤 일들을 하는 시스템 등이 다른 방식으로 살아온 다른 사람들에게 영향을 끼친다는 것이다.²⁶

---

24 정용암, 『도널드 맥가브란의 개종신학』(서울: 기독교문서선교회, 2021), 99.

25 Steve Gruran, and Marvin K. Mayers, *Cultural Anthropology: A Christian Perstective* (Grand Rapids: Zondervan Publishing House, 1979), 25.

26 Lyman E. Reed, *Preparing Missionaries for Intercultural Communication* (C.A: William Carey Library, 1978), 79.

황금기 선교를 생각하는 사람들은 대부분 오랫동안 한 문화권에서 생활하여 자신들의 문화에 너무나 익숙해 있다. 그러기에 선교지에서도 몸에 밴 문화적 생각과 행동이 자기도 모르게 자연스럽게 나오게 마련이다. 따라서, 문화의 충돌로 인한 갈등이 발생하였을 때에 많은 경우 부정적인 문제가 발생한다.

필자의 경험에 의하면 이런 타 문화 습득의 과정을 제대로 거치지 않은 채 선교지에 투입되었을 때에 선교사들은 문화충격(culture shock)을 경험하게 되고 자칫 수용과 조화 대신에 거부를 택하게 된다. 그럴 때에 현지인들은 선교사에 대한 신뢰감을 상실하게 되며 서로 간의 관계의 문제가 발생한다.[27]

특히, 문화적 우월주의가 이런 충격으로 인한 거부와 섞여 버릴 때에 그들의 사역은 지배적이고 독선적인 경향을 띠게 되어 주종관계를 형성하게 되며 자칫 복음의 본질마저 잘못 전해질 수 있는 위험성을 다분히 내포하고 있다.

캐나다 OMF의 디렉터를 역임한 라이맨 E. 리드(Lyman E. Reed) 박사는 이 부분의 부정적인 반응을 피하기 위하여 왜 선교를 준비하는 사람들이 현지 문화를 제대로 배워야 하는지에 대한 중요성을 다음

---

[27] 필자가 1992년 2월에 모스크바에 선교사로 갔을 당시 러시아는 오랜 냉전의 시대가 막 끝났을 때였으므로 그들의 문화에 대하여 습득할 기회가 전혀 없었다. 오랜 공산권 문화 속에서 형성된 특별히 극도로 발달한 책임감 없는 이기적이고 개인 중심적인 가치의 문화는 유럽에서 생활하였던 본인에게도 너무나 생소한 것이 많았고 이해와 수용에 적잖은 시간과 노력이 요구되었다.

과 같이 말한다.

선교사들은 문화를 배우기 위한 준비(to be prepared for culture learning)가 필요하다. 적절한 문화 습득을 위한 준비는 문화충격(cultural shock)을 최소화하는 데 도움을 주며, 상호문화적인 교류(intercultural communication)에 방해되는 장벽을 제거하는 데 일조할 것이다.

문화의 습득은 또 한편으로 선교사들의 현지인들과의 교제의 장벽을 제거하는 데, 관계의 도구(tools of relationship)를 알고 사용하는 데, 형식과 의미(form and meaning)의 중요성을 이해하고, 또한 문화적 상대론(cultural relativism)과 성경적 절대론(biblical absolutism)을 교차문화적 사역(cross-cultural ministry)에서 연계시킬 수 있게 하는 데 도움을 준다.[28]

---

28   Reed, *Preparing Missionaries for Intercultural Communication*, 79.

3) 언어

언어에 대한 부분도 극복해야 할 과제 중 하나다.

> 언어는 문화의 모양을 갖추는 절대적인 구성 요소(an integral aspect of culture)중 하나이다. 언어는 사람과의 사이에 있어서 교제의 수단(Vehicle of communication)이기 때문에 선교사들에게 있어서 현지 언어를 안다는 사실은 너무나 중요하다.[29]

언어 습득은 두 가지로 나눌 수 있다.

첫째, 사역 수준 - 설교나 강의 또는 성경 공부를 인도할 수 있는 정도
둘째, 생존 수준 - 일상생활을 해 나가는 데 아무 불편 없이 자기 의사를 전할 수 있는 정도[30]

황금기 선교사들은 아무래도 언어 습득에 장시간이 요구가 된다. 생존 수준의 언어 습득은 개인차가 있겠지만 현지에서 공부할 경우 1~2년 정도가 요구된다. 그러나 사역 수준의 언어 습득은 훨씬 더

---

29 Reed, *Preparing Missionaries for Intercultural Communication*, 59.
30 이현모, 『인생의 후반전은 시니어 선교사로』, 68.

많은 시간과 노력이 필요하다. 그러기에 특별히 황금기 선교사들은 언어에 대한 전략이 필요하다.

가장 좋은 선택은 현지 언어의 습득이다. 그런데 현지 언어를 습득하기 위하여 황금기 선교사들이 고려해 볼 만한 사항은 언어 습득의 난이도이다. 우리나라 사람은 주로 성별이나 격 변화가 많고 구조가 복잡한 언어를 어려워한다. 따라서, 러시아어, 불어, 아랍어, 태국어, 미얀마어, 페르시아어 등은 배우기가 어렵고 시간이 많이 필요하다. 반면에 일본어, 인도네시아어, 중국어, 터키어, 몽골어, 중앙아시아어 등은 비교적 배우기가 쉬운 편이다.[31]

영어를 구사하는 사람들은 영어를 사용하는 사역지를 찾는 것이 좋다. 이런 경우 거주자 선교사의 형태로서 교회 개척이나 신학교 교수 등의 장기 사역도 가능하다. 필리핀이나 인도 또는 아프리카의 케냐, 우간다, 남아프리카 등 많은 나라가 영어를 공용어로 사용한다.

또한, 영어를 사용하지 않는 곳이라도 영어 통역을 손쉽게 구할 수 있는 곳이라면 중단기 사역이 얼마든지 가능하다. 많은 나라가 영어를 외국어 과목으로 가르치기 때문에 통역을 통하여 사역이 가능하다.

한국어 통역을 통한 사역도 점점 더 늘고 있다. 과거 러시아와 중국에서는 대부분의 선교사가 각각 고려인과 조선족들의 통역으로

31　이현모, 『인생의 후반전은 시니어 선교사로』, 69.

사역하였다.[32] 또, 최근에는 많은 현지 거주 선교사가 현지 언어를 능숙하게 하기 때문에 중단기 사역의 경우에는 현지 선교사들의 통역으로 협력 사역이 얼마든지 가능하다. 또한, 각 나라에서 한국어를 전공한 학생들이 많이 배출되고 있기 때문에 이들 중 기독교인을 발굴하여 사역을 할 수가 있다.

4) 고정관념의 전환

또, 한편으로 황금기 선교사가 가질 수 있는 한계성은 고정 관념의 전환이다. 그들은 평생 한 분야에서 경험하면서 생긴 자신의 주관을 객관적인 기준으로 삼기 쉽다. 고착된 자신의 세계관으로 인한 자기 생각의 틀을 변화시키려는 능력이 떨어진다. 문화적 충격, 환경적 변화에 대한 적응 능력 등이 떨어진다.[33]

실제로 선교 현장을 가보면 이런 고정관념의 변화 없이 선교 사역에 참여함으로 생기는 많은 문제를 볼 수가 있다. 그래서 심지어 현지의 선교사들이 은퇴 후 나이 든 선교사들이 오는 것을 꺼리고, 짐으로 여기는 경우도 있다. 그들은 사회적 경험과 신앙적인 연륜을 가졌지만, 선교지에서의 경험은 없다. 그러기에 선교 현지에서는 나

32　필자가 사역한 모스크바 신학교에서는 한국어를 하는 고려인 두 명과 러시아어를 전공한 영어권 미주 한인이 통역하여 모든 강의를 진행하였다. 또한, 일부 고려인을 선발하여 전문적인 통역사로 훈련을 시키기도 하였다.

33　김종성,『하나님의 선교사 A to Z』(서울: 두란노, 2014), 15.

이 어린 선임 선교사들의 지도나 조언을 받아야 할 경우가 많다.

그런데 장유유서의 유교적 관습에 길들여 있어서 자신이 대우받기를 원하거나 자신의 의견을 고집하는 경우가 많아서 현지에서는 시니어 선교사를 받는 것을 꺼리는 경우도 있다고 한다.[34]

따라서, 황금기 선교를 준비하는 사람들은 타 문화에 대한 적응력을 높이고 선교지에서의 빠른 적응을 위해 전문적인 선교사 교육과 훈련 프로그램에 참여하여 자신의 고정관념을 탈피하여 자기중심에서 선교지 중심으로 탈바꿈하는 과정이 필요하다. 황금기 선교사들이 자신들에게서 쉽게 나타날 수 있는 이런 문제점을 인식하고 팀워크 사역 면에서 성공할 수 있다면 이들은 젊은 선교사들보다 더 귀하고 효율적인 선교 자원이 될 수 있다.

이들은 섬김을 받으러 선교 현장에 가는 것이 아니라 섬기러 간다. 현지 선교사들의 사역에 도움이 되기 위해서 간다. 결과적으로, 현역 선교사들이 이루고자 하는 총체적 선교의 파트너가 되어서 그 일이 완성되도록 돕는 자가 된다. 그러므로 예수님의 뒤를 따라 죽을 때가지 선교 현장을 섬기는 실버는 명예의 상징이다. 백발이 되어도 죽을 때까지 주님께 순종하는 모습을 보이는 것이다.[35]

---

[34] 소영섭, "선교 단체와 시니어 선교", 「한국선교 KMQ」 (2018년 겨울호, 통권 68호), 15.

[35] 장성배, "총체적 선교를 위한 한 전략으로서의 실버 선교", 295.

제5장

황금기 선교의 시대적 요구

1. 고령화 현상

급격한 산업화와 정보화 그리고 의학의 발전으로 세계는 고령화 사회로 진입하게 되었다. 이런 고령화의 추세는 앞으로 더욱 심화될 것이다. 사회가 미래에 더 산업화, 기술화될 것으로 예상한다면 고령화는 더 심화할 것임은 당연하다.[1]

다음 통계는 이를 잘 반영하고 있다. 아래는 OECD에서 발표한 'OECD 국가 기대수명 50년간 추이' 와 대한민국 통계청(KOSIS)에서 발표한 '한국의 기대수명 50년간 추이' 자료 및 최근 10년간의 '한국인의 기대수명 및 건강수명 추이' 통계 자료이다.

---

1 김해진, "고령화 시대, 선교 현장을 섬기는 교회, 교회를 섬기는 선교 현장" (paper presented at the KPM 미래전략 포럼, October 19, 2017).

제5장 황금기 선교의 시대적 요구   141

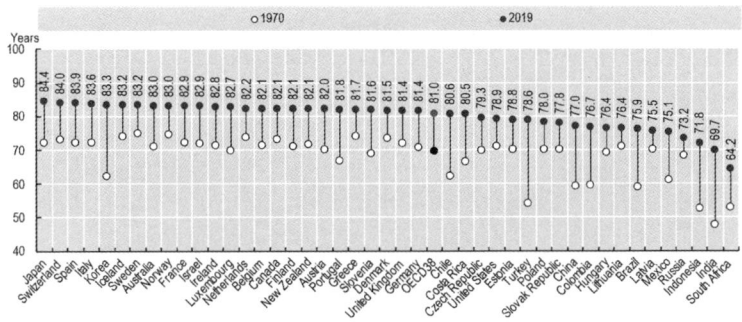

<그림 6> OECD 국가 기대수명 50년간 추이[2]

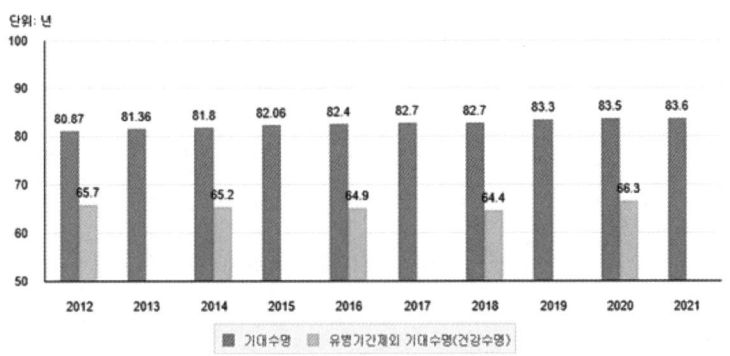

<그림 7> 한국인 기대수명 50년간 추이[3]

---

2   OECD.
3   KOSIS(통계청), "기대수명(0세 기대여명) 및 유병기간 제외 기대수명(건강수명) 추이", KOSIS, last modified December 6, 2022, accessed December 6, 2022, https://www.index.go.kr/unity/potal/main/EachDtlPageDetail.do?idx_cd=2758.

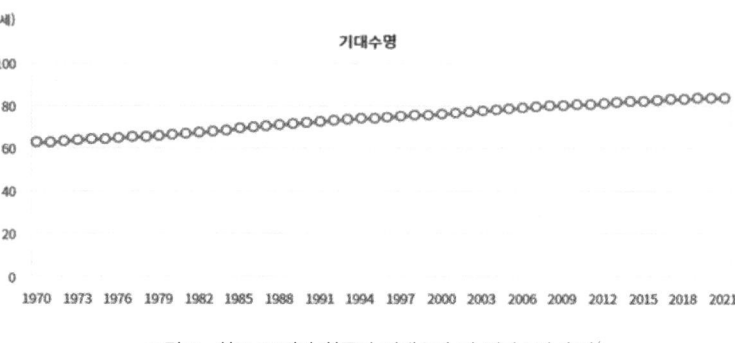

<그림 8> 최근 10년간 한국인 기대수명 및 건강수명 추이[4]

그런데 이런 고령 인구의 증가에 따라 나타나는 문제는 사회의 문제일 뿐만 아니라 교회의 목회와 현장에서도 관심을 가져야 할 문제이다. 그 이유는 다음과 같다.

> 이들의 존재는 곧 중년 세대, 청년 세대, 아동 세대의 존재론적 근거이기 때문이다. 시니어들을 단지 우리 시대의 세속적 가치(경제적, 효율적, 기능적 가치)에 함몰되어 공동체적 삶에서 배제하고 소외시켜서는 안 될 것이다.[5]

---

4 KOSIS(통계청), "기대수명(0세 기대여명) 및 유병기간 제외 기대수명(건강수명) 추이." 건강수명은 기대수명에서 질병이나 사고로 원활히 활동하지 못하는 기간을 뺀 나머지 수명을 말하는 것으로 건강한 상태로 얼마나 오래 사는지를 보여 주는 지표이다.

5 김정준, "21세기 한국사회와 노인목회의 새로운 과제와 방향",「기독교 교육 논총」NO 50 (제 64회 한국실천신학회 정기학술세미나) (05/27 2017): 157.

특별히 선교 현장에서는 더욱 그렇다. 고령화 현상에 따라 젊은 사람들의 선교사 지원은 당연히 줄어들 수밖에 없다.

그러나 그 자리를 대체할 선교 자원이 있다. 바로 황금기 선교사들이다. 믿음의 역군으로서 헌신해 온 황금 세대 그리스도인들이야말로 선교사 자원으로서 너무나 훌륭한 자원임에 틀림이 없다. 그들을 단지 돌봄의 대상으로 치부하여서는 안 된다. 오히려 그들에 의한 선교 사역이 적극적으로 검토되고 실행됨으로 그들의 후반부의 삶을 더욱 가치 있는 삶으로 만들어 줄 공동체의 책무가 우리 모두에게 있다.

2. 선교 패러다임의 변화

선교 패러다임의 변화는 이 황금기 선교의 가능성을 과거 어느 때보다도 높여 주었다. 전통적인 선교사의 개념은 '신학을 하고 장기간 현지에서 체류하는 전임 전문 사역자'이다. 그런데 오늘날에는 이런 전통적인 선교사 개념이 해체되고 있다. 무엇보다 교통과 통신의 발달로 세계화가 이루어졌다. 이 세계화로 인하여 선교 현장의 접근이 쉬워졌고 많은 선교 환경이 변화되었다.

트리니티신학교(Trinity Evangelical Divinity School) 교수를 역임한 마이클 포코크(Michael Pocock)는 이에 관하여 이렇게 말한다.

세계화(Globalization)는 중요하다. 왜냐하면, 그것은 근본적으로 우리가 사역하는 상황(the context in which we minister)을 변화시키고, 사람들과 문화가 서로 이해하는 방법(the way people and cultures perceive each other, 사람들이 생각하는 방식과, 그들에게 접근이 가능한 수단[the means available to reach them])을 변화시키기 때문이다. 우리는 복음 메시지의 전달자(communicators of the gospel message)로서 우리 자신들과 관련한 세계화의 효과(the effects of globalization on ourselves)를 결코 잊어버릴 수 없다.[6]

물론, 이 세계화는 새로운 바벨탑일 수도 있다. 그러나 이를 막을 수는 없기에 선교적인 측면에서 오히려 적극적으로 이런 바람의 힘을 이용하여야 한다.

선교 단체인 SYNC의 디렉터이고 선교학자인 스탄 누스바움(Stan Nussbaum) 박사는 그의 글 『세계화에 대한 도전』(Goads on Globalization)에서 이 세계화와 하나님의 뜻에 관하여 보다 적극적인 주장을 한다. 하나님께서는 이 세계화의 바람을 저주하시기 위하여 우리를 이 시대 안에 놓으신 것이 아니라 배를 앞으로 나가게 하시기 위하여 놓으셨다는 것이다.

우리는 점점 더해지는 세계화의 바람을 중단할 수는 없다. 그러기에 우리는, 하나님의 도우심으로, 세계화의 힘을 이용함으로써 바로 그 힘의 바람이 우리를 이끄는 대로의 방향이 아니라 하나님이 원하

---

6 Pocock, *The Changing Face of World Missions*, 24.

시는 방향(the direction God wants, not the direction they are trying to blow us)으로 우리를 이끌도록 하여야 한다고 말한다.[7] 이런 세계화의 추세는 황금기 선교사들에게는 새로운 발걸음의 기회가 되는 것이고 적극적인 항해가 요구되는 것이다.

또한, 전통적 개념의 선교사 입국을 금지하거나 선교 활동을 금하는 나라가 점점 더 많이 늘어나는 추세이다. 종교적 또는 정치적인 이유로 선교 활동을 철저히 봉쇄하는 나라들이 그동안 있어 왔지만 그 강도가 점점 더 세지고 있다.[8]

이런 선교지 환경의 변화로 인하여 전통적인 선교사의 수는 줄어들고 대신 단기 선교사가 급격하게 늘었고 평신도 선교사의 수도 대폭 늘어났다. 또한, 전문인 선교사, 협력 선교사,[9] 자비량 선교사,[10] 비지

---

7   Nussbaum Stan, "Goads on Globalization", *Connections* (June, 2004): 31-32.
8   한국 선교사들이 한때 러시를 이루었던 러시아, 중국, 터키, 인도 등지에서 많은 선교사가 최근 수년간 추방을 당하고 입국비자 거부를 당하였다. 대다수 선교사는 최장 1년에서 3개월 미만의 관광비자 같은 단기 비자를 발급받아 사역을 해야 하고, 비자 기간이 만료되면 인근 국가로 출국했다가 재입국하는 방식으로 비자를 연장해 사역을 이어갈 수밖에 없는 상황인데 연장 자체가 점점 어려워지는 실정이고 선교사인 것이 감지되면 연장을 허락하지 않는 추세이다.
9   협력 선교사는 기존 선교사 또는 현지인과 협력하여 수평적인 관계로 함께 사역하는 선교사이다.
10 자비량 선교사의 효시는 사도 바울이다(행 18:1-4). 고린도에 있을 때 그는 일년 육 개월 동안 아굴라와 브리스길라 부부와 함께 머물면서 천막 깁는 일을 하였다. 당시 고린도는 상인들과 뱃사람들로 북적대는 무역 중심의 항구 도시였으며 2년마다 개최되던 이스트미아 제전이 열렸고, 잦은 군사 이동 등으로 장막의 수요가 공급을 웃도는 때였다.

니스 선교사[11] 등 다양한 형태의 선교사가 등장하게 되었다.[12] 최근에는 인터넷의 발달과 코로나19로 인한 영향으로 미디어 매체를 통한 다양한 사역도 활발히 진행 중이다. 논란의 여지도 있지만 다양한 실용주의적 방법이 적용되고 있다.

실용주의적 방법(Pragmatism)을 효과적인 복음 전파를 위해 적극적으로 사용한 사람의 대표적인 케이스는 맥가브란이다. 그는 컬럼비아대학교에서 힌두교 인도 현지인들에 대한 교육학적 분석으로 박사 학위를 받았는데 이런 학문적 배경이 영향을 주었다. 그는 선교지를 분석하고 선교 전략을 수립하는 일에 실용적인 원리들을 적극적으로 사용함으로 효과적인 전도가 이루어지도록 노력했다.[13]

이러한 제반 선교 패러다임의 변화는 황금기 선교의 문을 여는 계기가 되었다. 사실 '창의적 접근 지역'의 선교 사역 시도는 평신도에게 훨씬 더 수월하다. 특별히 다양한 분야에서 전문가로 활동해 왔고 재정적인 능력을 갖춘 시니어들에게는 아주 적합한 형태의 사역이 가능한 시대가 된 것이다.

---

11   2004년 로잔선교대회에서 Business As Mission(BAM) 선언문이 발표되었는데, BAM 선언문을 정리하면 다음과 같다.
    1) 하나님 나라의 가치와 목적, 관점, 영향력을 가져야 한다.
    2) 괄목할만한 지속적인 하나의 비즈니스가 되어야 한다.
    3) 한민족, 공동체가 경제적, 사회적, 환경적, 영적 변화가 일어나게 하는 것이다.
12   이현모, 『인생의 후반전은 시니어 선교사로』, 43-45.
13   정용암, 『도널드 맥가브란의 개종신학』, 94.

따라서, 다양한 전문성을 지닌 황금기 선교는 최근 화두가 되는 총체적 선교(Holistic Mission/Integral Mission)[14]의 대안이 될 수 있다. 사실 기독교의 선교 역사는 교회 개척이나 복음의 전파뿐만 아니라 많은 영역에서 선한 사회적 영향력을 끼쳐 왔음을 보여 준다.

텍사스 오스틴대학의 사회학과 교수인 로버트 우드베리(Robert D. Woodberry)는 학생 연구팀과 19세기 초부터 20세기 중반까지 개신교와 가톨릭 교회 선교 활동에 대한 통계를 수집했다. 그리고 선교사들의 활동이 두드러진 지역과 그렇지 않은 지역들의 상황을 비교해 보았는데 선교가 끼친 사회적 선한 영향력을 측정할 수 있었다.[15] 그들은 대중 교육과 인쇄술 그리고 서구 의학을 증진시켰다.[16]

또한, 노예 제도와 강제 노역 금지, 외국 원조 프로그램 시작, 국제 구호 기관 조직, 마약 거래 금지, 현지인들의 토지 소유권 보호와 그 외 많은 선교지의 개혁운동에 있어서 핵심적인 역할을 감당

---

14 전통적으로 WCC의 선교는 대사회적인 면에 많은 관심을 보여 왔다. 반면, 로잔운동은 복음 전파의 우선성을 강조했다. 그러던 것이 21세기에 들어와 양 진영 모두 삼위일체 하나님의 '총체적 선교'(Holistic Mission/Integral Mission)에 대해 관심을 집중하기 시작했다. 사역 목표의 구체적인 성취를 위해 총체적 치유와 회복의 몇 가지 차원을 든다면 다음과 같다.
육체적 차원, 정신적 차원, 사회적 차원, 문화적 차원, 경제적 차원, 정치적 차원, 생태적 차원, 영적 차원 그리고 이러한 총체적 치유와 회복이 선교의 목표이다.

15 Winter, Hawthorne, and 한철호, 『퍼스펙티브스 1』, 511.

16 Winter, Hawthorne, and 한철호, 『퍼스펙티브스 1』, 512.

했다.[17] 이런 총체적인 선교의 누적된 결과로 선교사들이 적극적으로 활동한 지역의 인간의 모든 번영 지표가 그렇지 못한 곳보다 더 높은 수치를 보였다. 즉, 글을 읽고 쓰는 비율, 학교 등록 비율, 유아 사망률, 평균 수명, 경제 발전도, 정치적 민주화와 부패의 영역 등에서 더 나은 상태를 보였다.[18]

장성배는 이런 총체적인 선교의 관점에서 황금기 선교에 관하여 이렇게 말한다.

> 실버들은 은퇴 전에 사회에서 중요한 전문직에 종사하던 사람들이 많다. 그들은 실제적으로 전문인 선교, 비즈니스 선교에 제 역할을 할 수 있는 사람들이다. 이 분야에 많은 노하우가 있는 실버들이 선교에 투입되어 목회자나 선교사와 팀을 이룰 수 있다면 지역과 나라를 변화시키는 총체적 선교가 더욱 효과적으로 실행될 것이다. 이런 맥락에서 실버 선교는 선교 현장의 요구에도 맞고, 교회의 상황에도 적합하며, 개인적 삶의 필요도 채우는 선교의 새로운 패러다임이 되고 있다.[19]

---

17 Winter, Hawthorne, and 한철호, 『퍼스펙티브스 1』, 514.
18 Winter, Hawthorne, and 한철호, 『퍼스펙티브스 1』, 515.
19 장성배, "총체적 선교를 위한 한 전략으로서의 실버 선교", 300.

3. 교회 성장의 둔화

현재의 교회는 여러 가지 당면한 문제에 직면하면서 그 자체가 이미 복음 전도의 동력을 잃어가고 있다. 무엇보다도 교회 자체의 성장이 중단되었고 특별히 고령화 시대의 현상이 그대로 교회에도 나타남을 볼 수가 있다. 미국 FACT(Faith Communities Today)의 연구에 따르면 다음과 같다.

> 2020년 미국 교회의 교인 33퍼센트가 65세 이상 노인이다. 미국 전체에서 18-34세 사이 청년 성인은 미국 인구의 23퍼센트이지만 교회에서는 14퍼센트에 불과하다.
> 전체 미국 교회의 4분의 1은 적어도 절반은 노인이지만, 주류교단(미국장로교, UMC, 성공회 등) 개신교회는 고령화 비율이 더 높아 42퍼센트의 교회는 절반 이상의 교인이 65세 이상이다.[20]

한국 교회나 미국에 있는 한인교회들도 마찬가지이다.
다음 자료는 이를 잘 보여 준다.

---

20 아멘넷 뉴스, "미국 교회가 고령화되고 있다", *USA Amen* (November 3, 2021), accessed April 1, 2023.

구분		미국 한인교회	한국 교회*
전체		100%	100%
성별	남성	34%	41%
	여성	66%	59%
연령	39세 이하	5%	26%
	40~49세	18%	17%
	50~59세	25%	19%
	60세 이상	53%	38%

<그림 9> 연령별 교인 분포[21]

더군다나 최근에 보여 준 금전 또는 불륜 같은 여러 가지 목회자의 문제나 세습이나 분열 심지어 폭행까지 서슴지 않는 등 여러 가지 교회의 문제들이 노출됨으로써 사회에 선한 영향력을 끼치기는커녕 오히려 손가락질을 받고 예수님의 말씀처럼 맛을 잃은 소금이 되어 사람들의 발에 밟히는 그런 지경에까지 이른 경우들이 허다하다.

미국의 여론조사 기관 갤럽이 해마다 실시하는 직업별 신뢰도 조사에서 미국의 목사에 대한 신뢰도는 작년(2022년)까지 3년 연속 하락해 조사 이래 가장 낮은 수준인 34퍼센트로 추락했다.[22]

---

21 CTS America가 목회데이터연구소에 의뢰해 진행됐으며, (주)지앤컴리서치가 조사를 수행했다. 미국 뉴욕, 애틀랜타, LA 지역 한인교회(총 77개 교회) 출석하는 만 19세 이상 개신교인 1,580명을 대상으로 2022년 9월 23일부터 10월 7일까지 총 14일간 스마트폰을 이용한 모바일 조사(스노우볼링 방식)로 진행됐다. 단, 매주 주일예배 참여자를 대상으로 했다.

22 편집국, "목사에 대한 신뢰도 어디까지 추락", 「미주 한국일보」 (January 31, 2023), accessed January 31, 2023.

한국은 더 심각하다. 다음은 기윤실이 발표한 한국 교회의 신뢰도에 관련한 기사다.

> 기독교윤리실천운동(기윤실)은 지앤컴 리서치에 의뢰해 전국 만 19세 이상 성인 1천 명을 대상으로 지난 1월 11일부터 15일까지 '한국 교회의 사회적 신뢰도 여론조사'를 실시, 최근 그 주요 결과를 공개했다. 이에 따르면 한국 교회를 '신뢰한다'는 응답은 21.0퍼센트, '신뢰하지 않는다'는 응답은 74.0퍼센트였다.
>
> 기윤실은 2008년, 2009년, 2010년, 2013년, 2017년, 2020년에 이어 3년 만에 이번 조사를 실시했다. 직전 조사였던 2020년 당시 한국 교회 신뢰율은 31.8퍼센트였다. 즉, 올해 신뢰율이 이보다 10.8퍼센트 포인트 낮아진 것이다. 이 밖에 과거 조사에서 나타난 한국 교회 신뢰율은 각각 △2008년 18.4퍼센트 △2009년 19.1퍼센트 △2010년 17.6퍼센트 △2013년 19.4퍼센트 △2017년 20.2퍼센트였다.[23]

물론, 그렇지 않은 교회나 목회자들이 당연히 훨씬 더 많을 것이다. 그러나 노출된 일부 교회의 문제들이 모든 교회와 목회자의 얼굴에 먹칠을 해 버리는 그런 일들이 비일비재하게 일어나고 있다.

---

23 김진영, ""한국 교회 신뢰한다" 21퍼센트 … 3년 전보다 10.8퍼센트P↓", 「기독일보」(February 2, 2023), accessed February 6, 2023.

특별히 정보화 시대의 발달로 그동안 교회 안에서만 머무르면서 쉬쉬하고 넘어갔던 문제들이 이제는 백일하에 다 드러날 수밖에 없다. 거기에다가 세상은 사람들의 호기심을 자극하기 위해 진실은 축소하고 문제는 확대하고 왜곡하여 교회가 점점 더 세상으로부터 신뢰할 수 없는 이기적 집단으로 치부되는 안타까운 현실에 놓여 있다.

당연히 복음의 증거자체가 어려워지게 되었고 또 고령화 현상과 더불어 교회는 전도를 통한 영혼의 구원이라는 대명제를 잊어버리고 스스로의 존립을 위한 방어적인 교회 또는 성장을 하더라도 복음 전도가 아닌 기존 성도들을 유치하고 확장키 위한 시스템이나 외형의 경쟁에 치중하게 되는 이른바 비본질적이고 비성경적인 교회의 모습을 추구하게 되는 것이다. 당연히 교회의 성장은 축소하게 될 수밖에 없다.

다음은 2021년 말까지의 연도별 한국 교인 수에 관한 통계다.

집계년도	합동	통합	감리회	고신	기장	기성
2012	299.4만	281만	155.5만	48.1만	29.7만	54.4만
2013	285.7만	280.8만	148.6만	47.2만	28.9만	55.3만
2014	272.1만	281만	146.8만	46.1만	28.4만	54.6만
2015	270만	278.9만	139.7만	47.2만	26.4만	49만
2016	276.4만	273만	139.4만	47.3만	24만	46.1만
2017	268.8만	262.7만	133.4만	45.2만	23.5만	46.6만

2018	265.6만	255.4만	129.7만	42.3만	23.1만	43.3만
2019	255.6만	250.6만	130.2만	41.2만	22.3만	43만
2020	238.2만	239.2만	124.6만	40.1만	21.5만	39.9만
2021	229.2만	235.8만	120.3만	38.8만	20.8만	39만
10년전 대비	-70.2만 (-23.4%)	-45.1만 (-16.1%)	-35.1만 (-22.6%)	-9.2만 (-19.2%)	-8.9만 (-30%)	-15.3만 (-28.2%)

<표 1> 연도별 주요 교단 교세 변화(2012-2022)[24]

교회 수도 엄청난 감소세를 보여왔다.

매년 늘어나던 교회 수도 감소세로 돌아섰다. 2012년부터 2016년까지 6개 교단 총 교회 수는 매년 348개, 431개, 574개, 238개, 396개 증가했다. 그러나 2017년에는 137개 증가하는 데 그쳤고, 2018년 88개로 증가 폭이 줄어들더니 2019년에는 아예 감소해, 총 교회 수가 33개 줄어들었다. 코로나19 이후인 2021년에는 교회 수가 336개 줄어, 2019년 감소치의 10배를 기록했다. 교회 감소세는 예장합동이 가장 컸다. 최근 5년간 교회 675개가 감소했고, 2021년 한 해에만 424개나 문을 닫았다.

2021년 기준 예장합동 교회 수는 1만 1262개로, 2009년 수준(1만 1353개)으로 돌아갔다. 2005년까지 '일만교회운동본부'를 운영해 오던 예장합동은 2004년 예장개혁과의 합병 후 교회 수 일만 개를 달성했다며 본부 명

---

24 최승현, "6개 주요교단 10년간 교인 통계", 「News&Joy」 (September 28, 2021), accessed February 6, 2023, https://www.newsnjoy.or.kr/news/articleView.html?idxno=304740.

칭을 '이만교회운동본부'로 변경하고 더 적극적으로 교회 수를 늘리겠다고 공언했으나, 2014년 1만 2000개를 채운 후 오히려 교회 수가 800개(6.8퍼센트) 줄어든 상태다.

앞으로의 교세 전망도 밝지 않다. 예장통합은 주요 교단 중 처음으로 향후 10년간 교인 수 예측 데이터를 발표했다. 지난 10년간 교세 통계를 기반으로 2030년까지의 교인 수를 예측한 것이다. 예장통합 통계위원회가 예측한 2030년 교인 수는 185만 4749명으로, 현재보다 50만 4000여 명(21.4%) 더 감소할 것으로 내다봤다.[25]

미국 한인교회도 마찬가지이다. 재미한인기독선교재단(KCMUSA)의 통계 자료에 의하면 물론 코로나19의 영향이 크지만 2019년에 비해 2년 사이에 현저히 교회 수가 줄어들었다.

위의 자료에 따르면 다음과 같다.

> 미국에 총 2,798개의 한인교회가 있는 것으로 파악됐다. 지난 2019년의 3,456개와 비교하면 658개, 곧 약 20퍼센트가 감소한 것이다. 구체적으로는 약 2년 동안 338개 교회가 새로 등록했고, 1,022개 교회가 말소됐다고 한다.[26]

---

[25] 최승현, "6개 주요교단 10년간 교인 통계."

[26] 김진영, "미주 한인교회 총 2천 798개, 2년 새 658개 감소," 「기독일보」(January 5, 2022), accessed February 8, 2023.

4. 선교 환경의 변화에 따른 선교 사역의 축소화

교회가 당면한 여러 축소 지향적인 시대적 상황은 선교 환경의 변화를 가져왔다. 특별히 타 문화권에 대한 선교는 당연히 가장 먼저 비관심의 대상으로 떠오르게 됨은 주지의 사실이다. 실제로 교회들이 교인이 감소하고 예산이 줄어들게 되면 제일 먼저 축소하는 부분이 바로 타 문화권 선교에 대한 예산이다. 특히, 최근에 일어난 코로나19 사태 이후 각지의 선교사들은 심각한 선교 사역의 위축과 후원의 삭감을 체감하고 있다.

다음은 한국세계선교협의회(KWMA)의 코로나19에 관련된 설문조사 결과이다.

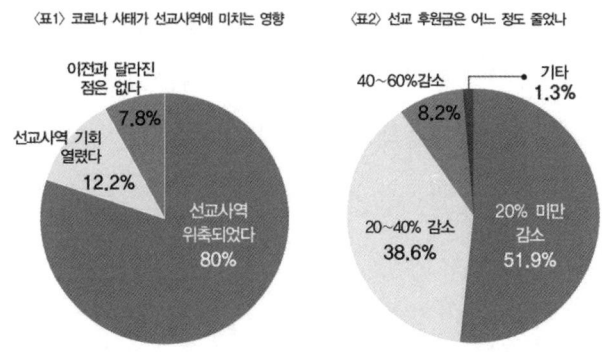

<그림 10> 코로나19 사태와 선교[27]

---

27 노충현, "코로나19 직격탄, 선교사 '3중고'에 시달린다", 「기독신문」(May 27, 2020), accessed February 6, 2023.

이렇게 축소화되어 가는 제반 환경 속에서 교회 생존을 위한 집단 이기주의가 형성되었고 타 문화권 선교에 대한 관심조차도 급격히 떨어질 뿐만 아니라 심지어 교회는 성장하지 않는데 왜 타 문화권 선교를 우리가 감당해야 하는 것인지에 대한 심각한 도전도 있게 되는 것이 현 교회들이 맞이한 현실적 숙제인 것이다.

　이러한 추이 속에서 선교를 감당하겠다는 젊은 사명자들이 줄어들게 됨은 자명한 사실이다. 한국선교연구원(KRIM) 자체 조사가 실시된 1994년의 경우 한국 교회의 30대 선교사의 비율이 절반인 50퍼센트를 넘어섰다. 하지만, 2022년 조사에서 30대 선교사의 비율은 7.44퍼센트에 불과했다.[28]

　그만큼 젊은 선교사 지망생이 사라진 것이다. 신학교 입학생이나 젊은 목회자 숫자가 급격히 줄어드는 현실 속에서 이는 당연한 현상일 것이고 갈수록 그러한 현상이 더 심화될 것이 분명하다.

　다음 통계는 이러한 가능성을 추측케 한다. 앞으로의 선교사 파송과 사역의 추이를 추정해 볼 수 있는 KRIM(한국선교연구원)에서 조사 발표한 선교사 파송과 교육에 관련한 2020년과 2021년의 통계이다.

---

[28] 한국선교연구원, "2021한국 선교현황", 2022, accessed February 6, 2023, https://krim.org/2021-korean-mission-statistics/.

년도	참가자 수	실행단체	증감률
2020	676	35	-
2021	598	35	-11.54 %

<표 2> 선교사 파송 훈련[29]

년도	참가자 수	실행단체	증감률
2020	774	23	-
2021	511	27	-33.98 %

<표 3> 선교사 교육[30]

　위의 자료들을 살펴볼 때 향후 전반적인 선교사 감소의 추세가 예측된다. 물론, 해당년도가 코로나19로 인하여 모임이 쉽지 않은 점을 감안한다면 향후 추가적인 자료 검토가 필요하겠지만 전통적인 개념의 선교사 수가 줄어들 것은 자명한 일이다. 그러기에 더욱 시니어의 선교 동참의 필요성이 절실하다.
　앞에서 제기한 제반 여건으로 인한 선교 동력의 둔화의 여백을 시니어 선교가 충분히 감당할 수 있는 것이다. 이는 디아스포라로 이 시대를 살아가는 황금기 그리스도인들을 향한 하나님의 선교 전략이 분명하다. 아브라함의 축복이 성취되는 황금기인 것이다.

---

29 한국선교연구원, "2021 한국 선교현황".
30 한국선교연구원, "2021 한국 선교현황".

풀러선교대학원 교수였으며 프론티어선교회 대표인 랄프 윈터(Ralph D. Winter) 박사는 "선교 명령은 종료 이상이다"(The mandate is more than closure)라는 제하에서 이렇게 말한다.

> 하나님은 우리에게 완수해야 할 분명하고 단순한 일을 주셨는데. 그것은 바로 모든 종족이 그리스도를 경배하고 따르는 것을 보는 것이다. 이것이 우리의 필수적인 선교 사명이다. 우리는 이 사명이 완성될 때까지 최선의 집중과 열정으로 수행해야 한다. 그러나 이루어야 할 더 큰 일이 여전히 남아 있다. 선교적 돌파는 하나님이 모든 종족 가운데 행하실 일의 시작에 불과하다. 하나님은 사탄의 궤계를 멸하겠다는 약속의 완수와 모든 종족 안에서 아브라함의 축복을 성취하는 일을 계속하실 것이다.[31]

---

31 Winter, Hawthorne, and 한철호, 『퍼스펙티브스 1』, 758.

제6장

황금기 선교사 사례 연구

1. 사례 1: 김현영 과테말라 거주 선교사

　김현영·이덕주 선교사의 삶과 선교 사역에 관한 자료는 선교사 본인이 쓴 책인 『아메리칸 드림을 넘어서』(김현영, 이덕주. 2020)를 중심으로 한 내용과 그 외에 줌(Zoom)과 전화로 인터뷰한 내용을 요약한 것이다.

<그림 11> 김현영 선교사 부부[1]

---

[1] 호성기, "빵과 복음을 함께 … 전인적 선교로 과테말라 복음화", 「국민일보」

1) 은퇴 전 인생 전반부의 삶

1960년 당시 한국은 전쟁의 폐허 속에서 농민이 전체 인구의 70퍼센트 이상을 차지할 정도로 가난한 나라였는데 마침 농촌계몽운동이 활발하게 일어나고 있었다. 당시 대학 3학년이던 청년 김현영 역시 농촌 계몽 활동에 참여했다. 한번은 천안의 돼지분양 사역에 참여했는데 그때 하나님께서 주신 꿈이 있었다. 그것은 가난한 농촌에서 교회를 중심으로 한, 수의학을 응용한 농촌 개발 사역이었다.[2]

같은 시기에 그는 캐나다 선교사이며 병리학 교수인 스코필드 박사[3]를 만나게 되고 농촌과학을 전공한 아내를 만나게 된다. 스코필드는 대학에서 수의학을 가르쳤고 수의과 의료 전문인 자비량 선교사였다.

(June, 10, 2021), accessed April 11, 2023. 가운데 줄 왼쪽 중앙이 김 선교사 부부.

2   김현영·이덕주, 『아메리칸 드림을 넘어서』 (P.A: PGM.꿈디라, 2020), 42-43.

3   캐나다 장로회 소속 선교사 스코필드는 1916년 세브란스 의학전문학교 교수로 한국에 들어왔다. 1919년 3·1운동의 시위장면을 사진에 담아 이를 해외에 알려 민족대표 34인으로 불렸으며, 제암리·수촌리 마을 학살 현장을 직접 방문한 후 보고서를 작성해 일본의 비인도적인 행위를 해외에 폭로했다.
1920년 일제에 의해 추방당한 스코필드는 1958년 다시 한국에 돌아와 3·1운동 정신을 강조하며 독재 정부를 비판하고, 한국의 부패와 부정에 맞서 싸웠다. 세계적인 수의학자로 우뚝 선 스코필드는 한국의 가난한 학생들과 고아를 돌보는 데 일생을 바쳤다. 1968년 대한민국 건국공로훈장을 수여한 스코필드는 1970년 4월 12일 "내가 죽거든 한국 땅에 묻어주오"라는 유언을 남기고 영면하여 국립현충원에 안장되었다.

그는 장학 사역과 영어성경 제자교육을 통해 한국의 많은 인재를 키워 내었고 토끼 사육을 통한 고아원 사역이나 농촌에 직업기술학교를 개설해 농촌 개발 사역에도 큰 힘을 쏟았다. 스코필드는 김 선교사의 장래 롤모델이 되었고 수의학 학문의 스승이었다. 그의 삶은 후일 김 선교사의 과테말라 선교에 큰 영향을 끼치게 되었다.[4]

농촌 개발의 비전을 안고 김현영 선교사는 한국에서 수의학을 전공으로 대학과 대학원을 마쳤다. 그리고 부인 이덕주 여사와 함께 1971년 미국으로 유학을 갔다. 조지아대학교(University of Georgia)에서 미생물학으로 석사 학위를 마치고 필라델피아의 펜실베니아대학교(U-Penn)에서 수의학 박사 학위를 받았다. 그곳에서는 주로 젖소 등 낙농 동물의 유방염을 연구하였다.

그 후 펜실베니아의 수의학 과학연구소에서 수의병리 연구관 공무원직을 33년간 역임하였다. 그곳에서 면역조직화학연구소를 직접 설립해 책임자로 일하면서 '웨스트 나일 바이러스'나 광우병 병원체를 빠르고 정확하게 진단하는 데 공헌을 하였다. 부인인 이덕주 선교사는 한국에서 농촌과학을 전공하고 미국에서 의료과학기술(Medical Technology)을 공부하였다.

펜실베니아에서 공무원으로 일하면서 김 선교사 부부는 수도인 헤리스버그에 소재한 미국장로교단(PCUSA) 소속인 마켓스퀘어 장로교회에서 신앙생활을 하며 예수님을 인격적으로 만났다. 그는 교

---

4 "김현영 선교사 인터뷰", interview by 이성희, *La Habra*, April 10, 2023, Zoom.

회와 노회 그리고 총회의 선교 위원회 임원을 역임하면서 장로교회의 성경적 세계관을 적립하게 되었고 모든 직업과 재능은 하나님께서 주신 은사에 기초한 것으로 하나님의 영광을 위하여 쓰임 받는다는 칼빈의 직업 소명관이 본인의 의식에 자리매김하게 되었다.[5]

2) 선교사 준비와 훈련

60세를 넘기면서 어느 날 은퇴 후 제2의 인생에 대하여 부부간에 진지하게 의논하는 기회가 있었다. 그 답은 바로 선교사의 길이었다. 그리고 구소련과 멕시코 선교 여행을 다녀오게 되었다. 선교 준비를 위하여 기도하던 중 하루는 우연히 한국어 신문에서 뉴저지실버선교회(SMF)에서 선교사를 위한 훈련 프로그램을 실시한다는 광고를 보게 되었다.

12주 동안 일주일에 한 번 3시간을 공부하는데 왕복 7-8시간이 걸리는 그곳을 운전하는 고단함 속에서도 기쁘게 그 과정을 마치게 되었다. 그곳에서의 인연은 부부의 삶의 궤적을 선교적 삶으로 바꾸어 주는 인생의 전환점이 되었고 그곳에서 훗날 선교의 동역자가 된 많은 사람을 만나게 되었다.

그 후 세계전문인선교회(PGM) 선교 단체를 알게 되고 전문인 선교사 훈련을 받는다. 그곳에서 디아스포라 선교사로서 정체성과 성

---

5 김현영 · 이덕주, 『아메리칸 드림을 넘어서』, 46-53.

경적 선교 세계관을 더욱 확고히 하게 되었고 전문인 선교 사역을 잘 준비하는 계기가 되었다.

훈련이 끝나고 선교지를 놓고 기도하던 어느 날이었다. 중국의 과기대, 몽골국립수의연구소, 멕시코 유카탄 등에서 이미 초청을 받아 놓고 있는 중이었다. 그런데 미국의 수의사선교협회(Christian Veterinary Missions)[6]에서 공고한 한 광고를 보게 되었다. 젖 염소 사역 등을 위해 중남미에 위치한 과테말라에 갈 하이퍼인터내셔널(Heifer International)[7] 시찰단을 뽑는다는 광고였다.

수의사선교협회는 김현영 선교사가 주정부 수의 연구관으로 근무할 당시 관계하였던 수의사협회 산하 단체였다. 그 모임에는 세계 각국에서 사역하고 있는 수의과 선교사들이 모여 선교 보고도 하고 강의를 하였는데 김 선교사도 이곳을 통하여 수의과 선교사로서 여러 가지 훈련을 받은 곳이었다.[8]

2006년 11월 2주간의 일정으로 김 선교사 부부는 '하이퍼인터내셔널' 시찰단의 일원으로 과테말라 여러 지역을 방문하였다. 그리고

---

6 수의사선교협회(CVM)는 미국의 수의사들과 수의과 대학생들로 구성된 국제적으로 활동하는 선교 단체이다. 자세한 사항은 https://cvm.org/를 참조하라.

7 하이퍼인터내셔널(Heifer International)은 젖소, 젖 염소, 돼지, 닭 등 가축들을 무료로 공급하여 우유와 고기로 어린이들의 영양 문제를 해결하고 가정 경제도 자립케 하는 선교 단체이다. 사역 전략은 선물 증여(Passing on the gifts)인데 현지인들이 선물로 받은 가축을 길러 첫 번째로 낳은 새끼들 중 암놈 한 마리는 반드시 이웃 가정에 무상으로 기증하게 하는 전략이다. 자세한 사항은 https://www.heifer.org/를 참조하라.

8 김현영·이덕주, 『아메리칸 드림을 넘어서』, 61-75.

전국에 흩어져 있는 가난한 6개 농촌 지역을 순회하였는데 그 중 하나가 꼬반(Coban)지역이었다.

이곳은 수도인 과테말라시에서 북쪽으로 자동차로 5시간 정도 걸리는 거리에 있다. 꼬반은 젖소들을 사육하는 강수량이 풍부한 지역이었다. 마침 그곳에 있는 산칼로스국립대학교(USAC)[9] 북부 캠퍼스를 방문하게 되었다. 그런데 그곳에서 그는 직감적으로 하나님의 부르심을 느꼈다. 그래서 그는 과테말라를 선교지로 결정한다.[10]

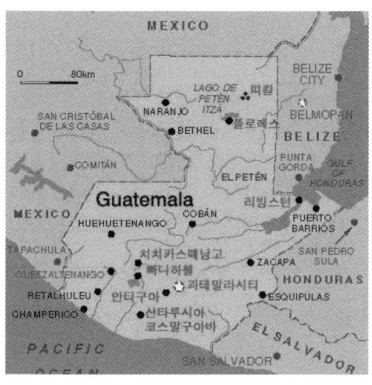

<지도 3> 과테말라지도[11]

---

[9] 산칼로스국립대학교는 1676년에 세워진 과테말라 유일의 국립대학이다. 15개 지역 캠퍼스를 두고 있고 교수가 7천여 명, 학생이 10만여 명에 달할 정도로 대규모 대학이다. 자세한 사항은 https://www.usac.edu.gt/를 참조하라.

[10] "김현영 선교사 인터뷰".

[11] shoestring,『과테말라 지도』(서울: 신발끈, 2023).

3) 사역의 교두보

김 선교사 부부는 2007년 드디어 67세의 나이로 은퇴하고, 하란을 떠난 아브라함처럼 과테말라로 떠난다. 사역의 교두보는 산칼로스국립대학교이었다. 그는 바로 꼬반(Covan)에 있는 학교를 찾아가서 그 학교 축산학과 과장을 만나고 축산학과 교수들 앞에서 미국의 젖소 질병에 관한 세미나를 연다. 그리고 초빙 교수로 임명을 받아 학교에서 교수로 근무를 하면서 선교 사역을 시작한다.

먼저 그는 학교 안에 현미경, 에라이자(ELISA) 기계 등 값비싼 연구기구를 사재로 사서 기증하고 동물병 진단연구실을 설립하였다. 그리고 교수들과 함께 근처 5개 마을을 선택해 84마리의 젖소의 혈액을 채취하여 유산의 원인이 되는 '브루셀라'병이 감염된 젖소를 찾아 내었다. 또한, 주기적인 세미나를 지속적으로 열었다. 학교에서 큰 환영을 받게 된다.[12]

그리고 미국의 주립대학교에서 주로 실시하고 있는 '농업기술 교육 프로그램'(Agricultural Extension Program)을 산칼로스국립대학교에 도입하여 대학 교육 과정으로 채택하게 했다. 젖 염소 종축장도 설립을 하고 대학의 현지인 교수 2명을 미국 랭스턴대학교(Langston University)로 젖 염소 기술 교육을 받도록 단기 유학을 보내어 연수시키는 등 본격적인 사역의 준비가 이루어진다.

---

12 김현영·이덕주, 『아메리칸 드림을 넘어서』, 88-92.

이 학교의 진단 연구실을 시발점으로 그의 사역은 학교의 전폭적인 협조를 얻게 되고 대학생 캠퍼스 사역과 원주민 농촌 사역의 전개가 이루어지기 시작한다.[13]

4) 마야 원주민 농촌 선교

(1) 젖 염소 사역

<그림 12> 염소[14]

---

13 김현영·이덕주,『아메리칸 드림을 넘어서』, 93-95.
14 현재 분양 사육하고 있는 젖 염소 사진.

과테말라의 농촌 인구는 전체 인구의 60퍼센트 이상을 차지하고 있고 마야 원주민이 대부분이다. 그들은 절대 빈곤 속에서 비참한 삶을 영위하고 있다. 그래서 처음 시작한 사역은 젖 염소 분양 5개년 프로젝트[15]였다. 대학과 공동으로 2010년부터 시작하였다.

과테말라는 풀이 4계절 자라기 때문에 젖 염소 사육에 천혜의 조건을 갖춘 나라이다. 젖 염소는 보통 1년에 2-3마리의 새끼를 출산하고 10년간 출산 능력이 있다. 당시 그곳에 사는 원주민들의 하루 평균 수입은 1.5달러였는데 200달러나 되는 젖 염소를 무상으로 배분하자 주민들에게서 꿈과 희망이 회자되기 시작하였고 온 가족이 젖 염소를 기르고 젖을 짜는 등 생활양식이 달라지기 시작하였다. 물론, 첫 새끼는 다른 사람을 위하여 다시 증정하여야 한다.[16]

첫 분양은 '판퀵스' 라는 마을의 10개 가정에 임신한 젖 염소 한 마리 씩이었다. 10마리를 실은 트럭이 마을로 들어가자 온 마을이 축제분위기를 이루었다. 그리고 또 다른 2곳의 마을에도 10마리씩을 분양하였다. 교수들과 대학생들은 농민들에게 젖 염소 사육 방법과 치즈 만드는 기술 등을 교육하였다.

---

15 Heifer International의 Passing on the Gifts 정책을 모델로 2010년부터 임신한 젖 염소 40마리를 보급한 뒤 각 가정에서 첫 번째로 낳은 새끼들 중 암놈 한 마리를 대학 농장으로 보내 그곳에서 키우고 임신시켜 다시 이웃 농가에 무상으로 분양한다는 5개년 프로젝트였다.

16 "김현영 선교사 인터뷰".

5년 후에는 젖 염소 숫자가 기하급수적으로 증가할 것이 예상되었고. 치즈공장을 세울 계획도 하였고 한국의 치즈 생산 본거지인 한국의 임실 치즈마을[17]을 견학하여, 여러 가지 공부도 하였다.

그런데 뜻하지 않은 문제가 발생하였다. 도무지 젖 염소의 숫자가 늘지를 않는 것이었다. 어떤 경우는 허락도 없이 젖 염소를 팔아 버리기도 하였다. 첫 분양한 10마리 중 3마리는 죽었다는 연락이 왔다. 문제의 근본 원인을 찾아보았더니 바로 젖 염소에 대한 현지인들의 인식이었다. 염소 우유를 먹어 본 일도 없었으니 젖 염소에서 나오는 우유와 치즈에 대한 개념이 전혀 없었던 것이다.

처음에는 비싼 선물을 받고 좋아했으나 사육해 가면서 당장 자신들에게 유익을 주지 않는 젖 염소를 그렇게 귀하다는 생각을 하지 못하니 제대로 돌볼 리가 없는 것이었다.[18] 너무나 안타까워하는 모습을 옆에서 본 캐나다 출신 선교사가 이런 말을 하였다고 한다.

> 그들은 자기 자식들도 잘 돌보아 주지 못해 죽어 가는데 젖 염소 관리는 오죽하겠는가?[19]

17　임실 치즈마을은 50여 년 전 지정환 신부가 임실에 젖 염소 2마리를 갖고 오면서 30여 년간의 우여곡절 끝에 이루어진 한국의 치즈마을이다. 자세한 사항은 지정환의 『치즈로 만든 무지개』 (서울; 명인문화사, 2007, 고동희·박선영)를 참조하라.

18　김현영·이덕주, 『아메리칸 드림을 넘어서』, 155-61.

19　실제로 중남미 원주민의 자녀 교육 상황은 너무나 취약하다. 연구자 본인의 경험에 의하면 멕시코의 농장 주변에 있는 노동자들이 거주하는 작은 깜뽀에서

그러나 이후 계속되는 교육과 보살핌으로 젖 염소 분양 사역은 점차 호전되어 아이들을 영양 결핍에서 해방케 하고 가정 경제에도 도움을 주어 영적, 육체적, 경제적 정신적으로 자립케 하는 데 큰 도움을 주고 있다.[20] 김 선교사는 2012년 교본으로 『선교용 젖 염소 기르기』를 발간하였다.

한국의 6.25전쟁 시절처럼 빈곤하게 사는 과테말라 마야 원주민 선교 사역에 응용하기 위해서이다. '물고기 잡는 법을 가르치면 평생을 먹고살 수 있다'는 정신으로 젖 염소를 무상으로 분양하고 교육해 경제적, 정신적으로 자립하도록 하는 생산적 선교를 이끌려는 목적인 것이다.[21]

또한, 2023년 여름에는 Neuvo Aquil 마을의 17가정에 달걀을 곧 생산할 수 있는 117마리의 16주 된 닭을 분양함으로 양계사역을 통한 선교의 발걸음을 떼기도 하였다.

10-15세 되는 소녀 3명이 사라졌다. 경찰서에 신고하였는데 아무런 조치도 없었다. 나중에 알고 봤더니 그 아이들 아버지들이 인신 매매단에 소녀들을 팔아버린 것이었다. 최근에는 인식이 많이 달라져서 대학을 마치고 멕시코 사회 속으로 동화된 자녀들도 있지만 아직도 많은 아이가 출생 증명서가 없어서 초등학교조차 다니지를 못하는 실정이다.

20 "김현영 선교사 인터뷰".
21 정영희, "김현영·이덕주 선교사 부부, 『아메리칸 드림을 넘어서』 발간", 「미주한국일보」(April 28, 2020), accessed April 11, 2023.

(2) 교회 개척 사역

<그림 13> 판퀵스교회[22]

젖 염소 분양 사역은 '판퀵스'의 원주민 마을 주민들에게 복음을 전할 수 있는 통로가 되었다. '판퀵스'는 산비탈의 불모지 같은 땅에 강제 이주로 형성된 작은 마을이다. 이곳에는 당시 27개 가정이 살고 있었고 그중 10개 가정에서 젖 염소를 사육중이었다. 그전에 마침 대학의 동료 교수를 통해 빅키라는 현지인 목사를 알게 되었다. 그는 영어를 잘했고 '차칼테'라는 다른 마을에서 원주민 사역을 하고 있는 중이었다.

김 선교사는 그 마을에도 젖 염소를 분양하였고 이를 기반으로 '차칼테교회'를 선교 지향 교회로 성장케 하였다. 그리고 '판퀵스' 마을의 교회 개척에 참여케 한 것이다. 다행히 '차칼테' 원주민과 '판퀵스'

---

[22] 2023년 8월에 판퀵스교회에서 실시한 VBS 사진이다.

원주민은 같은 종족이었고 사용하는 언어도 같았다.[23]

첫 예배 때 빅키 목사는 글자를 모르는 그들에게 그림으로 만든 누가복음으로 성경 공부를 인도하고 설교를 하였다. 그 예배 때 원주민 10명이 예수 그리스도를 영접하는 하나님의 큰 역사가 일어났다. 그리고 드디어 2014년 8월 2일 '판퀵스'에 교회 및 마을회관으로 사용될 건물의 헌당식을 가지게 되었다. 미국의 어느 후원자가 재정적인 부분에 동참하였고 빅키 목사 교회 성도들과 마을 주민들이 함께 직접 건축을 담당하였다.

현지인인 빅키 목사와 소속 교회 전도팀을 통하여 '판퀵스' 마을에 복음이 들어가고 교회가 세워진 것이다. 그 후 미국의 단기 선교팀들이 주기적으로 '판퀵스' 마을을 방문해 복음 사역에 동참하였다. 그 후 이 두 교회를 통해 4개 마을에 토착 교회가 개척 중에 있다.[24]

5) 캠퍼스 선교 사역

캠퍼스 선교 사역의 출발점은 김현영 선교사의 부인인 이덕주 선교사의 ESL 강의로부터 시작이 되었다. 소그룹 영어공부로 시작을 했는데 소문이 나게 되고 대학의 정규 ESL 교육을 담당하게 된 것이다.

---

[23] 과테말라에는 25개의 각기 다른 마야 인디언 종족이 살고 있고 종족마다 각기 다른 말을 사용하고 있다.

[24] 김현영·이덕주, 『아메리칸 드림을 넘어서』, 164-69.

그 무렵 과테말라를 위시한 중남미 국가에서는 영어를 배우려는 열의가 대단하였다. 영어수업이 좋은 선교 도구임을 발견한 것이다. 그렇게 3년 동안 ESL 수업을 하면서 학교와 주민들로부터 큰 호응을 얻게 되었다.

그리고 2011년부터 교수들과 몇 명의 학생들로 구성된 영어성경 소그룹 제자 양육반을 시작하였다. 교재로 나사렛 교단에서 출판한 특별 영어성경 교재를 사용하였다.

성령의 역사가 일어났다. 눈물의 회개와 간증이 쏟아져 나오고 또 그들이 다른 사람들을 가르치는 역사가 일어났다. 교수들 사이에서 그리고 학생들 사이에서 복음이 전해지고 캠퍼스에 퍼져 나가기 시작했다. 그리고 이들은 또한 농촌 개발 사역이나 통역, 세미나 등의 준비에 함께 동역하는 귀한 동역자들이 되었다.

그 후 캠퍼스 사역은 비행기 안에서 만난 미국에 거주하는 정재호 선교사를 통하여 제2기를 맞게 된다. 그들은 4영리 전도, 영어회화 클럽, 미니 부흥회, 화상전화 제자양육 등으로 본격적인 캠퍼스 사역을 감당하게 되었다.[25]

---

25 "김현영 선교사 인터뷰".

6) 기타 사역

또 다른 사역은 장학금 지급 사역이다. 먼저 2012년 2월부터 마야 원주민 마을인 차칼테 교회 중학생 1명에게 장학금을 수여하기 시작했다. 또한, 그해 3월에는 설교할 수 있는 자격증을 받도록 하는 신학교 교육에 그 교회 지도자 5명을 장학금을 주어서 공부케 했다. 그중 한 명이 새로 개척한 판퀵스 교회를 담임하고 있다.

또, 후원 동역자들과 함께 2년간 12명의 목회자 후보의 신학 공부를 시켰고 현지인 사역자들이 미국이나 한국에서 연수를 받게 하고 산칼로스국립대학교의 학생들에게도 장학금 수여를 하기도 하였다. 동역자들의 후원으로 계속하여 장학 사업은 진행이 되고 있다.[26]

또 다른 사역은 2019년 8월 3일에 양해각서(MOU)를 맺은 꼬반의 호프고등학교에 젖 염소를 분양하는 사역이었다. 젖 염소를 사육하여 영양실조에 걸린 학생들에게 염소 우유를 먹여 영양실조에서의 해방은 물론 젖 염소 사육법도 알게 하여 장차 그들의 삶에 도움을 주려는 의도이다.

이 일을 계기로 고등학교에서도 캠퍼스 선교가 시작이 될 수 있었다. 산칼로스국립대학교의 제자이며 선교의 열매인 둘세[27]라는 현지

---

26 김현영 · 이덕주, 『아메리칸 드림을 넘어서』, 110-12.
27 둘세는 김 선교사의 제자로서 산칼로스국립대학교 축산학과 졸업생이다. 김 선교사 부부의 신앙과 봉사의 삶에 감동을 받아 복음과 타인을 위한 삶에 헌신하게 된다. 2016년 한국에서 새마을운동 훈련을 받았고 2017년에는 백석대학교

인 청년이 이 사역을 감당하게 되었다. 앞으로 좋은 미래의 크리스천 지도자들이 이 고등학교를 통하여 나오게 될 것이다.[28]

또 하나 흥미로운 사역은 차마 마을에 접목한 한국의 새마을운동[29]이었다. 새마을 세계화 재단에 요청하여 대학의 부총장과 꼬반 시의원 그리고 대학생 한 명 등 세 명이 2016년에 2주 동안 한국에서 새마을운동 훈련을 받았고 2017년에도 4명이 한국에서 정부 장학금으로 교육을 받은 것이다.

2017년 이들을 중심으로 시 정부에서 선정해 준 마야 원주민 마을인 차마에서 새마을운동이 시작되었다. 이 마을은 도로도 제대로 나 있지 않은 과테말라에서도 오지에 속한 마을이다. 아열대 원시림으로 덮여 있으며 버스는 물론 전기도, 상수도도 없는 벽촌이었다.

우선 벌레가 먹어 파손되고 있는 중학교 목조 건물을 콘크리트 건물로 새로 지었다. 산칼로스국립대학교 교수들과 학생들이 공부를 가르치고 축산 기술도 전수하는 등 봉사도 시작했다. 매년 새마을운동 컨퍼런스를 계속 개최하면서 새마을운동 붐을 조성하고 있다. 농

에서 6개월 동안 유학생으로 공부하기도 했다.

28 김현영·이덕주, 『아메리칸 드림을 넘어서』, 186-91.

29 1970년 4월, 대한민국에서 전개된 농촌계몽운동이며 근면, 자조, 협동을 3대 정신으로 꼽았다. 새마을운동의 결과 전국적으로 생활 환경 및 국민 위생 개선, 농로 등의 인프라 구축이 됐고 한국 농촌에서 초가집이 이때 거의 사라졌다. 대한민국의 급속한 경제 발전에 영향을 준 것뿐만 아니라, 농어촌 지역의 빈곤 극복과 복지 향상을 이뤄냈다는 점에서 큰 지지를 받았고 여러 나라에 전파되기도 하였다.

지 개량을 통한 농산물 증산, 농산물 판로 개척, 도로 개설 및 포장 등 다양한 계획이 논의가 되고 현재도 조금씩 진행 중이다.[30]

한국의 새마을운동이 빈곤 퇴치 등 지구촌 개발 모델로 그 가치를 인정받게 됐고 과테말라 같은 개발 도상국들에게는 삶의 희망을 주는 롤모델이 된 것이다. 무엇보다 새마을운동이 복음 사역의 통로로 사용되고 있다는 사실이 한민족에게 주신 하나님의 크신 은혜임이 틀림없다.[31]

<그림 14> 새마을 사업[32]

---

30 김현영·이덕주, 『아메리칸 드림을 넘어서』, 194-201.
31 "김현영 선교사 인터뷰".
32 새마을 사업으로 지붕을 고치고 있다. 이외에도 식수 정수 탱크 등 여러 프로젝트가 시행되고 있는 중이다.

7) 팀워크 사역

김현영 선교사는 많은 동역자를 만났고 그들과 함께 동역함으로 하나님의 꿈을 펼쳐갔다. 먼저 대학 동문인 서진국 선교사이다. 2012년 뉴저지의 어느 교회에서 선교 보고를 할 때에 만나게 되었고 단기 선교를 거쳐 결국 과테말라에 가서 선교사로 합류하게 되었다. 같은 수의학 분야의 전문가로서 서로 많은 의지와 도움이 되었고 교회 개척 사역에도 함께 하였다.

또한, 한국 백석대학교의 교수였던 박영철 선교사는 한국에서 개최되었던 한 선교대회에서 김 선교사의 과테말라 선교 사례 보고를 듣고 찾아옴으로써 인연이 되었다. 그 후 몇번의 만남 후 박영철 선교사는 2018년 백석대학교를 정년 퇴직하고 선교 훈련을 받고 2019년 과테말라 산칼로스국립대학교의 초빙 교수 겸 선교사로 과테말라로 들어왔다. 지금도 선교 협력자로 동역 중이다.[33]

현재 미국의 애틀랜타를 중심으로 하여 세워진 GMNET(Guatemala Mission Net)라는 김현영 선교사와 함께 동역 하는 선교 단체가 있다. 회장은 장학근 장로이다. 장 장로는 미국 정부에서 지역개발 전문가로 오랜 경험을 쌓은 전문인이다. 그는 2015년부터 팀원들과 함께 과테말라를 찾아 김현영 선교사와 함께 젖 염소 공동 목장을 건축했고 젖 염소 분양을 위한 후원에도 앞장을 섰다.

---

33 김현영·이덕주, 『아메리칸 드림을 넘어서』, 100-03.

원주민 마을 교회와 학교에 태양열 발전 시설을 하여 다용도로 사용케 하였고 원주민 각 가정의 흙 바닥을 시멘트로 포장을 해 주기도 하였다. 또한, 그의 오랜 지역개발 전문가로서의 경험은 새마을 운동을 원주민 마을에 접목시키는 데 큰 역할을 하고 있다. 2018년에는 내과전문의인 강창석 장로가 동역자가 되었다. 강 장로를 통하여 꼬반국립병원과 협력하면서 의료 선교 사역도 본격화가 되었다.[34]

<그림 15> 스타링크 설치[35]

---

34 김현영 · 이덕주, 『아메리칸 드림을 넘어서』, 178-81.
35 인터넷이 안 되는 지역이기에 스페이스 X사의 스타 링크를 설치하여 환자 등 긴급 사항 연락을 가능하게 하였다.

이외에도 많은 동역자와 후원자가 김 선교사의 사역에 동참을 하고 있다. 함께 손잡고 가는 동역의 아름다운 현장이다.

8) 선교 철학

김현영 선교사 부부는 지난 과테말라의 모든 선교 사역의 시간이 부부의 인생에서 가장 황금기라고 말한다. 그들의 후반기 인생에 주어진 선교 사역은 "하나님이 주신 은사, 재능, 지식, 기술, 직장, 교회, 사회 경험, 은퇴금 등 모든 것을 창의적으로 융합한 하나님의 작품"[36]이었다고 한다. 아브라함 같은 순종의 발걸음을 통하여 아메리칸 드림에서 킹덤 드림을 성취하는 주님의 은혜를 입은 것이다.

그들이 지향한 선교 사역은 복음과 빵을 함께 나누는 사역이었다. 서양 선교사들에 의한 한국의 초기 선교 역사를 과테말라 선교의 모형으로 삼아 총체적(Holistic) 선교를 지향하는 것이다. 복음이 주체가 되어 다른 전문적 사역들을 동시에 접목시켜 사역지 마을을 변화(A transformation, not a change) 시킨다.[37]

---

36 김현영·이덕주, 『아메리칸 드림을 넘어서』, 34.
37 김현영·이덕주, 『아메리칸 드림을 넘어서』, 228, 23.

제6장 황금기 선교사 사례 연구   179

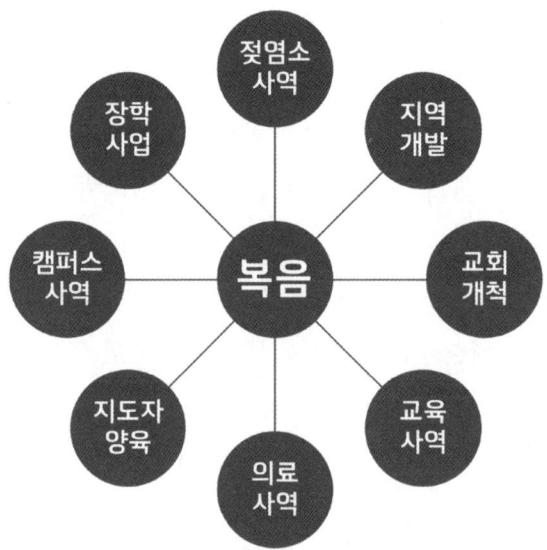

<그림 16> 꼬반 지역의 총체적 선교[38]

또한, 선교사 부부가 늘 가슴 속에 품고 살았던 말씀은 마태복음의 겨자씨에 관한 말씀이다.

> 천국은 마치 사람이 자기 밭에 갖다 심은 겨자씨 한 알 같으니 이는 모든 씨보다 작은 것이로되 자란 후에는 풀보다 커서 나무가 되매 공중의 새들이 와서 그 가지에 깃들이느니라 (마 13:31-32).

---

38 이성희, 『꼬반 지역의 총체적 선교』, 2023, Seong Hee Lee, CA.

겨자씨 한 알이야말로 그들의 선교 철학을 한마디로 나타내는 단어이다.[39]

그의 가슴에는 스코필드 박사가 심어준 농촌 개발에 대한 겨자씨와 부인의 대학 생활 중 농촌 여성 지도자 훈련을 받으며 마음 속에 숨겨진 겨자씨가 있었다. 예수님의 겨자씨였다. 그 겨자씨가 미국으로 건너와서 자라 큰 나무가 되었고 그 나무에서 받은 겨자씨를 다시 제3국인 과테말라로 갖고 가서 뿌리며 은혜 받은 하나님의 선교 이야기로 그들의 후반부 인생을 채운 것이다.

그는 이 겨자씨에 관하여 이렇게 말한다.

> 겨자씨는 작지만 생명력이 있어 일단 심어지면 큰 나무로 자라 새들이 그 가지에 둥지를 틀고 살아간다. 하나님 나라는 결코 내 자신만을 위한 것이 아니다. 다른 사람들을 위한 삶이기도 하기에 하나님의 나라인 것이다. 우리 부부가 받은 하나님의 축복의 겨자씨를 과테말라에서 뿌리며 나누어 주는 삶을 허락하신 하나님께 감사드린다.[40]

인터뷰를 마치며 그는 지난 자신의 선교 사역을 회고하며 이렇게 결론짓는다.

---

[39] "김현영 선교사 인터뷰".
[40] 김현영 · 이덕주, 『아메리칸 드림을 넘어서』, 31.

조기 은퇴 후 떠난 선교는 내 인생의 황금기였다. 아메리칸 드림으로 미국에 왔는데 하나님께서 킹덤 드림을 이뤄가게 하셨다. 모든 것이 하나님의 은혜이다.[41]

2. 사례 2: 전희근 단기 순회 선교사

전희근 선교사의 삶과 선교 사역에 관한 자료는 선교사 본인이 쓴 책인 『단기 선교에서 배우는 하나님』(전희근, 1996) 1편과 2편을 중심으로 한 내용과 방송에 출연한 유튜브 영상과 줌(Zoom)으로 인터뷰한 내용을 요약한 것이다.

<그림 17> 전희근 선교사[42]

---

41 "김현영 선교사 인터뷰".
42 캐냐 선교지에서 찍은 사진.

1) 은퇴 전 인생 전반부의 삶

전희근 선교사는 조부모 시대부터 독실한 기독교 신자였던 믿음의 가정에서 태어났다. 인천 내리교회에서 신앙생활을 하였으나 주님을 인격적으로 만난 것은 미국에서 의사로 근무할 때였다.[43]

그는 한국에서 의대를 졸업하고 군의관으로 근무를 한 후 1963년에 도미한다. 펜실베니아대학교(University of Pennsylvania) 의과대학에서 방사선과 레지던트를 거쳐 방사선과 의사가 되었다. 의사가 된 후 그는 기차로 집에서 병원으로 출퇴근하였다.

그 당시 그의 마음 한 구석에 늘 부끄러운 부분이 있었는데 그것은 자신의 신앙생활에 관한 것이었다. 교회에서도 집사로 임직되어 열심히 봉사하였고 사람들로부터 좋은 크리스천이라고 칭찬을 받았지만, 막상 성경도 한 번 제대로 읽어 보지 못한 자신의 모습에 창피함을 느꼈다.

그래서 통근하는 기차 안에서 그는 성경을 읽기 시작하였다. 처음에는 무척이나 지루하고 졸렸다. 그래도 '남아일언중천금'이란 말을 기억하며 억지로라도 읽었다. 그런데 시간이 갈수록 점점 더 말씀에 빠져들어가기 시작하고 어느덧 두 번째 다시 처음부터 성경을 읽기 시작하는 자신을 발견하게 되었다. 성령의 인도하심을 느꼈다. 그리고 말씀에 깊이 빠져들기 시작하며 말씀 속에서 주님을 인격적으로

---

43 "전희근 선교사 인터뷰", interview by 이성희, April 26, 2023, Zoom CA.

만나게 되었다.[44]

그리고 주님과의 뜨거운 사랑의 교제가 시작이 되었다. 그는 자신이 후일에 세계 곳곳을 누비며 어떤 환경 속에서도 행복하게 선교할 수 있었던 이유가 바로 '예수님 사랑'이라고 말한다.[45] 그의 발걸음 닿는 곳 모두가 주님으로부터 받은 사랑을 알기에 그 사랑을 나누지 않고는 못 배기는 생생한 예수님 사랑의 현장이었던 것이다.

그리고 얼마 후, 역시 기차 안이었다. 이제 주님을 뜨겁게 만났는데 그렇다면 내 인생을 어떻게 살 것인가를 생각하면서 또 다시 부끄러운 생각이 들었다. 그리고 그는 잊어버렸던 소명의 비전을 회복한다. 잊어버리고 있었던 과거 한국에서 의과대학을 다닐 때 가졌던 한 생각이 떠오르게 된 것이다.

그 당시 의사이며 선교사였던 슈바이처 박사의 전기를 읽은 적이 있었다. 그때 책을 읽으며 나도 슈바이처처럼 주님 위하여 봉사하고 싶다는 생각을 하였었는데 기차 안에서 성경을 읽으며 그때의 생각이 떠오르게 된 것이다. 그리고 슈바이처가 봉사한 아프리카 땅에 꼭 한 번 가보아야겠다는 생각을 하게 된다. 선교 소명의 싹이 트기 시작한 것이다.[46]

---

44 CGN AMERICA, "The 부르심 - 노래에 살고 사랑에 사는 삶", CGNTV, October 6, 2017, https://youtu.be/33W4hvSWY9s.

45 "전희근 선교사 인터뷰".

46 CGN AMERICA.

2) 인도네시아를 향한 단기 선교의 첫 발걸음

그 후 그는 열심히 신앙생활을 하며 주님과 깊은 교제의 시간 속에서 의사로서 가장으로서 보람 있는 디아스포라의 삶을 살게 된다. 그러면서 방사선과 의사로서 단기 선교를 가기 위하여 교단 등 여러 곳에 요청을 하였다. 그런데 방사선과라는 특별한 전공 때문인지 수락의 답이 오지를 않았다.

그러던 중 다니던 교회의 담임목사님이 인도네시아에 단기 선교를 다녀온 후에 그곳에는 의사로서 할 일이 너무나 많은데 일반 의사의 자격으로 신청해서 가면 어떻겠느냐는 이야기를 듣게 된다.

그래서 새로운 의료 선교 단체를 찾아 세계의료선교회(World Medical Mission)라고 하는 선교회에 연락을 하였다. 방사선과 의사인데 방사선과 사역이 아닌 일반 의사의 사역으로 가겠다고 하면서 병원 사정상 시간 내기가 가장 좋은 1월에 갔으면 한다고 하였다. 그런데 전화기 너머로 놀라운 답이 돌아왔다. 자신들이 6개월 동안이나 인도네시아에 갈 방사선과 의사를 찾고 있었다는 것이다.

그것도 1월달에 갈 수 있는 사람을 찾았다는 것이다. 너무나 놀라서 서로 외친 말은 "Praise the Lord"였다. 그는 다시 한번 확실히 고백하였다.

> 예수님이 살아 계시는구나!
> 여기까지 인도하셨구나!⁴⁷

전 선교사는 지금도 그때의 일이 생생하게 느껴진다고 한다. 그리고 그때 그 순간이 자신이 하는 '하나님의 일의 원동력'이 되었다고 말한다.⁴⁸

그리고 첫 단기 선교의 발걸음을 인도네시아의 보르네오섬에 있는 한 원주민 마을로 향했다. 1984년 그가 마흔여덟 살 때였다. 이 사역은 그 후 케냐, 콩고, 중국, 스와질란드, 인디아, 브라질, 러시아, 방글라데시, 에콰도르, 예멘 그리고 아프가니스탄 등 28개국의 나라에서 그 후 35년간 그의 은퇴 후에도 매년 꾸준히 전개되었다.⁴⁹

그는 방사선과 의사였기에 내과나 외과 의사들보다는 제한성을 가졌음은 분명하다. 더군다나 선교지 병원의 기계 시설은 너무나 열악하다. 그러나 그는 말한다.

> 선교지에서는 정말 할 일이 많더라.⁵⁰

---

47 Goodnewsusa, "내가 만난 예수님", 2016, https://youtu.be/gStYUPtzKfA.
48 "전희근 선교사 인터뷰".
49 전희근, 『단기 선교에서 배우는 하나님 2』 (서울: 생명의말씀사, 2019), 123.
50 "전희근 선교사 인터뷰".

<그림 18> 인도네시아 [51]

자신의 단기 의료 선교 사역을 그는 그의 책에서 이렇게 말한다.

하나님은 단기 의료 선교를 나의 인생의 우선순위 중의 하나로 두게 해 주셨다. 나는 첫 단기 선교 후 매년 다시 선교사로 떠날 때마다 설레었다. 선교 사역을 통해 하나님을 조금 더 가까이 느낄 수 있었으며 마음 속에 표현 못할 기쁨이 찾아 들곤 했다. 땀으로 얼룩져 있는 수많은 선교사와, 열악한 환경과 질병으로 신음하는 원주민들은 선교지에서 나 자신을 돌아보게 해 주는 스승이 되었다.

사실 2-3주의 짧은 기간 동안 선교지에서 할 수 있는 일이란 지극히 미미하다. 하지만, 선교지를 방문하는 것 자체와 그곳에서의 모든 순간이 보

---

51 인도네시아의 첫 선교 방문때 칼리만탄 마을에서 찍은 사진.

람되고 소중했다. 외로움과 힘든 사역으로 애쓰는 선교사들을 만나 사랑의 위로를 전할 수 있는 것만으로도 감사했다.[52]

'미 남침례회 해외선교회'(IMB)의 대표를 역임한 랜킨 제리(Rankin A. Jerry)는 단기 선교에 관하여 이렇게 말한다.

> 오늘날의 선교 사역은 기존의 전통적인 거주 선교(residential mission)의 틀(paradigm)을 넘어가고 있다.[53]

19세기의 선교에 대한 소명은 교통의 불편, 보건 시설의 부족 등으로 인하여 한 지역에 거주하는 것이 평생의 소명으로 인식이 되었다. 그러다가 국제 여행이 보편화되었고 외국의 문화에 대한 인식의 변화나 평신도들의 적극적인 선교 참여에 의하여 단기 선교의 사역들이 대폭 확대하기 시작했다.[54]

전희근 선교사는 단기의료 선교로 그의 사역을 시작한다. 그러나 이 사역은 장기적이고 복음 사역의 목표를 향한 총체적인 단기 선교로 확대된다. 기독일보는 전 선교사의 의료 선교 강의 내용을 바탕으로 그가 생각하는 의료 선교에 관하여 이렇게 전한다.

---

52 전희근, 『단기 선교에서 배우는 하나님 2』, 8.
53 J. Mark Terry, 『선교학대전』, 방동섭 외 옮김(서울: 기독교문서선교회, 2003), 59.
54 Terry, 『선교학대전』, 82-83.

전희근 장로는 "예수님 사역에서 25퍼센트가 의료 선교였다. 그러나 현재 세계 의료 선교사는 총 선교사의 4퍼센트이며, 한국 선교사 2만 2천 명 중 의료 선교사는 314명으로 총 선교사의 1.5퍼센트에 불과하다"고 설명하면서 "누군가 깨어나 격려하고, 의료 선교 헌신자를 일으켜야 할 때"라고 강조했다.

또, 전 장로는 "의료 선교가 의사, 간호사에 국한될 수 없다"라고 하면서 "영, 혼, 육의 건강을 모두 책임져 줄 수 있는 전인격적인 의료 선교를 위해 다양한 사람이 의료 선교에 투입되어야 한다"고 말했다.[55]

그의 말처럼 전희근 선교사는 단지 치료와 관련한 의료 사역뿐 아니라 전인적인 의료 선교의 영역확대를 위한 다양한 부분의 사역을 함께 행해 왔다. 또한, 의료 선교뿐만 아니라 선교사들과 또 현지인들과 함께 하는 단기 선교 사역을 통하여 총체적인 선교의 일환으로서 선교의 열매가 효과적으로 맺어지도록 힘써 왔다.

다음 표는 그의 35년간의 단기 사역 일정을 요약한 것이다. 세상을 향하신 하나님의 꿈에 대한 뜨거운 열정을 볼 수 있다.

---

[55] 권나라, "의료 선교 영역의 담 허물어야",「기독일보」(October 9, 2009), accessed April 24, 2023.

기간	사역지
1984. 1. 6 - 28	인도네시아 칼리만탄, 베데스다선교병원
1985. 2. 5 - 26	아프리카 케냐, 텐웩병원
1987. 1. 9 - 30	아프리카 콩고, 방가병원
1988. 12. 30 - 89. 1. 22	아프리카 스와질랜드, 알피트킨병원 아프리카 케냐, 마사이 오리니에진료소
1989. 12. 31 - 90. 1. 19	아프리카 케냐, 키자브병원, 오리니에진료소
1990. 12. 29 - 91. 1. 14	인도, 방갈로르침례병원
1991. 12. 20 - 92. 1. 3	아프리카 케냐, 마사이 오리니에진료소
1992. 1. 17 - 2. 1	브라질 론드리나, 에반젤리코병원
1993. 1. 1-15	러시아, 모스크바의대침병원
1994. 1. 16 - 30	방글라데시, 다카의대, 치타공의대
1994. 4. 11 - 23	페루 아레퀴오아, 무의촌 진료
1995. 2. 3 - 17	에콰도르, 보잔데스델오리엔테병원
1996. 2. 9 - 23	아프리카 케냐, 마사이 오리니에진료소
1997. 1. 31 - 2. 15	아프리카 탄자니아 다레스살람병원
1998. 2. 6 - 21	아프리카 케냐 마사이 오리니에진료소
1999. 9. 29 - 10. 4	멕시코 쿠에르나바카
2000. 1. 11 - 21	예맨, 지비아침례병원
2001. 1. 14 - 26	아프리카 케냐 마사이 오리니에진료소
2001. 9. 3 - 15	중국 연변
2002. 5. 25 - 6. 6	아프리카 케냐 마사이 오리니에진료소 및 우간다
2003. 4. 10 - 23	중국 집안
2003. 5. 15 - 23	카자흐스탄

날짜	지역
2004.1.31 - 2.13	아프리카 보이, 케냐
2004.11.26 - 12.4	중국 곤명
2006.2.5 - 17	아프리카 케냐, 보이
2006.6.18 - 29	아프가니스탄 카불, 큐어병원
2006.11.25 - 12.2	도미니카
2007.10.15 - 19	과테말라
2009.1.19 - 23	과테말라
2009.5.5 - 15	네팔
2010.10.13	피지엠 순회 선교사
2011.1.3-14	아프리카 케냐, 보이
2011.5.3 - 10	에콰도르
2011.7.25 - 31	아프리카 이디오피아 명성선교병원 아프리카 말라위 대양누가병원
2012.5.23 - 28	에콰도르
2012.8.16 - 25	아프리카 말라위 대양누가병원
2014.8.19 - 28	에콰도르 구니빠레
2014.10.24 - 31	쿠웨이트
2017.11.2 - 9	쿠바
2018.2.8 - 15	코스타리카
2018.12.13 - 20	에콰도르 콜타
2019.10.17 - 25	에콰도르 쿠차엔차

<표 4> 35년간 단기 선교 사역 일정 요약[56]

56　전희근, "단기 선교 일정 자료", 2023.

다음은 그의 사역을 형태별로 구분하여 요약 기술한 것이다.

3) 단기 의료 선교 사역

의사의 손길이 닿지 않는 무의촌 지역에서 2주간 정도의 단기 선교로 할 수 있는 진료는 사실 미미하다. 혈압과 당뇨 등을 측정하고 간단한 외상 환자를 치료할 수 있을 뿐이다. 가져간 타이레놀이나 항생제로 처방하고 비타민이나 가정 상비약 정도를 나누어 주며 건강을 지켜 나가기 위해 유의할 점을 알려 주는 정도밖에는 할 수가 없다.[57]
또, 나라마다 그 나라의 의사 면허가 있어야 하는데 케냐 같은 곳에서는 면허를 받았지만 방문하는 모든 나라에서 면허를 받기가 어렵고 어떤 나라는 아예 발급조차 하지 않는다. 이럴 때는 그 나라 의사를 고용하고 그 밑에서 조수 역할을 하든지 해서 사역을 진행한다.[58] 더군다나 그는 방사선과 의사이기에 의료 선교로서는 많은 제한이 있을 수밖에 없었다.
그래서 전 선교사는 다양한 의료 선교 사역을 병행한다. 먼저는 현지인을 훈련해서 환자 치료를 돕는 방법이다. 그는 방글라데시의 '말룸갓 기독병원'에서 사역하는 비거 올슨(Viggo Olson)이라는 의료 선교사에게서 이 의료 선교 정책을 배웠다. 의사의 수가 절대적으로

---

57 전희근,『단기 선교에서 배우는 하나님 2』, 36.
58 전희근,『단기 선교에서 배우는 하나님 2』, 45-46.

부족한 선교지에서 하루에 수백 명씩 몰려오는 환자를 다 감당할 수가 없다.

그래서 현지인을 3개월, 6개월, 1년의 다양한 프로그램을 만들어서 각 훈련 단계에 따라 환자 분류나 간단한 진료, 처방과 외상환자도 돌보게 하는 것이다. 그는 선교지의 병원이나 간호학교에서 이런 정책을 시도할 수 있도록 도움과 자문을 주었다.[59]

특별히, 그는 케냐의 마사이 부족인 디모데라는 한 청년을 기억하며 말한다. 그가 인솔하여 케냐에 갔던 단기 선교팀 중에 젊은 내과의사가 있었다. 그는 당시 통역을 맡았던 디모데라는 청년과 오랜 이야기를 나누었고 그를 간호학교에 보내어 간호사로 훈련을 시켰다.

간호사가 된 디모데는 마사이 부족이 거주하는 지역에 전 선교사가 속한 미국의 교회에서 세운 '오리니에진료소'[60]의 책임자로 세워졌다. 그는 그 진료소에서 진료뿐만 아니라 전도자로서도 훌륭한 역할을 감당한다. 수백 명의 환자를 진료한 것보다 디모데 한 사람을 발견하여 그에게 관심을 가지고 간호사로 키우게 된 것이 마사이 의료 선교의 최고의 열매라고 그는 말한다.[61]

---

59 전희근, 『단기 선교에서 배우는 하나님 2』, 46-48.
60 오리니에진료소는 전희근 선교사의 중재로 1986년 필라델피아 한인 연합교회에서 케냐에 세운 진료소이다.
61 "전희근 선교사 인터뷰".

<그림 19> 진료소[62]

또 다른 방법은 의사들을 상대로 하는 강의이다.

그가 아프가니스탄에 단기 선교를 갔을 당시 아프가니스탄은 지구상에서 가장 위험한 나라로 손꼽혔다. 대낮에도 테러가 일어나는 일이 비일비재하였다. 그때 그는 선교 단체가 운영하는 카불의 큐어(Cure)병원에서 현지인 의사들에게 2주 동안 매일 엑스레이, 초음파, CT, MRI 등에 관한 강의를 하고 자문을 해 주었다. 그들은 의학 지식을 깊었지만 관련 기계를 실제로 사용해 본 경험이 적었다.

슬라이드로 결과물을 보여 주면서 강의도 하고 토론도 하였는데 그곳에서는 법적으로 말씀을 전할 수가 없었다.

너무나 답답하여 이런 질문에 부딪혔다.

---

[62] 케냐의 오리니에진료소.

말씀을 전하지 못하는데 과연 선교사라고 할 수 있겠는가?

그러나 후일 아프리카내지선교회에서 파송한 외과 의사인 빌 바넷(Bill Barnet)이란 선교사를 통하여 답을 찾게 되었다. 그 역시 인도양의 코모로 섬에서 같은 경험을 하였는데 그곳에서 친절하게 환자를 돌보는 그 자체가 선교이며 나중에 후배들에게 길을 열어 주어 훗날 이곳에 전도의 기회가 올 수 있을 것이라고 대답해 주었다고 한다.[63]

4) 지역 보건 전도

'지역 보건 전도'(CHE, Community Health Evangelism) 역시 전 선교사의 단기 선교의 일환으로 추진되어 온 사역이다. 1978년 당시 구소련의 알마티에서 세계보건기구 주관으로 범세계적인 모임이 있었다. 여기에서 시작된 것이 '일차 보건의료'(PHC, Primary Health Care)인데 이를 따라서 기독교 선교계에서는 비슷한 형식의 의료 체계를 만들었는데 이것이 '지역 보건 전도'이다.[64]

전 선교사는 지역 보건 전도의 중요한 목표를 다음과 같이 말한다.

---

63   전희근, 『단기 선교에서 배우는 하나님 2』, 37-40.
64   전희근, 『단기 선교에서 배우는 하나님 2』, 66.

첫째, 의사가 아닌 비의료인, 즉 목사나 교사 혹은 그 밖의 어떤 직업의 사람이든 상관없이 의료에 동참하는 것이다.

둘째, 병의 치료보다는 예방과 건강 관리 교육에 중점을 두는 것이다.[65]

이 교육은 그림과 연극, 노래 등 다양한 교재나 시청각 교육이 총동원될 수 있다. 특별히 선교지 원주민들은 글을 읽을 수가 없으므로 만화나 연극을 활용하면 훨씬 효과적이다. 전 선교사는 에콰도르에서 오랫동안 사역한 바니 라피트(Bonnie Lafitte)라는 선교사가 원주민 주일학교 학생들에게 그들의 언어로 가르친 노래인 〈물을 끓여 먹자〉란 노래를 소개한다.

> 물은 참 귀한 것
> 물 없이는 살 수 없네
> 그러나 맑은 물 속에도
> 보이지 않는 독이 있어
> 끓여 먹지 않으면
> 배탈이 날 수 있네
> 물을 끓여 먹자
> 물을 끓여 먹자
> 보이지 않는 독을 없애자.[66]

---

65 전희근, 『단기 선교에서 배우는 하나님 2』, 66.
66 전희근, 『단기 선교에서 배우는 하나님 2』, 66-68.

또한, 그는 이러한 '지역 보건 전도'의 일환으로 선교지에서 '건강과 의료 상식 시범'을 보이기도 하였다. 이 프로그램은 졸도하거나 뼈가 부러졌을 때나 화상을 입었을 때 어떻게 대처할 것인지 등 응급처치에 관한 내용을 연극을 하면서 시범을 보이는 프로그램이다. 첫해에는 선교팀이 직접 시범을 보여 주었는데 그 다음부터는 현지 교회 식구들이 훈련하여 직접 시범을 보여 주었다.

기억나는 장면 중 하나는 다리를 심하게 다치면 막대기로 묶으라고 가르쳤는데 어느 날 한 청년이 다리를 다쳤다며 자기 종아리를 나무 막대기로 칭칭 감고 자랑스러운 얼굴로 절뚝거리며 교회에 들어오는 모습이었다.[67]

5) 기타 단기 선교 사역

의료에 관련한 사역 이외에도 그는 여러 가지 사역을 병행하였다. 그는 선교지에서 성경 공부를 진행하기도 한다. 하나님께서 이런 사역을 준비시키셨는지 그는 의사로 일하면서 주경야독으로 필라델피아성경대학(Philadelphia College of Bible)을 졸업했고 달라스신학교(Dallas Theological Seminary)에서 주말에 수학하기도 했다.[68]

---

[67] "전희근 선교사 인터뷰".
[68] Goodnewsusa.

또한, 책도 출간하였는데 의료 선교에 관련한 책 외에 성경의 말씀을 간략하게 요약한 『성경에는 무엇이 쓰여 있는가』[69]라는 책과 어려운 설명은 피하고 알기 쉽게 신학적 요점만을 추려서 설명하는 『하나님이 누구세요』[70] 등을 저술하였다.

2003년 압록강 북쪽에 위치한 도시인 '집안'의 한 교회에서 시골 작은 교회의 조선족 지도자들을 대상으로 한 그의 '성경의 파노라마' 성경 공부는 007 작전을 방불케 하는 장면이었다. 인적이 끊어진 칠흑 같은 밤에 교회에 안내되어 일주일 내내 한 발자국도 교회 밖으로 나가지 못했다.

일주일 내내 밤낮으로 그들과 함께 먹고 자며 성경을 가르친 것이다. 그리고 마지막 날 새벽에 사람들 눈에 띄지 않게 출발하여 바로 미국행 비행기에 몸을 싣는다. 그들의 순수한 말씀에 대한 열정은 그에게 큰 감동을 주었다.[71] 스와질란드에서는 2주 동안 병원일 외에 16번의 집회를 인도하기도 하였다.[72] 그가 발걸음한 모든 곳에서 복음이 선포되고 말씀이 전해졌다.

전 선교사는 또한 영어를 가르치면서 복음을 전하는 사역도 함께 하였다. 이 일을 위하여 그는 2006년에 TEFL(Teacher of English as a

---

[69] 전희근, 『단기 선교에서 배우는 하나님 2』, 18.

[70] 전희근, 『하나님이 누구세요』 (서울: 생명의말씀사, 2000). https://mall.duranno.com/m/view/item_detail.asp?itm_num=2053501265.

[71] 전희근, 『단기 선교에서 배우는 하나님 2』, 17-19.

[72] 전희근, 『단기 선교에서 배우는 하나님 1』, (서울: 생명의말씀사, 1996), 63.

Foreign Language) 자격증을 획득하였다. TEFL은 외국에 사는 사람들을 위한 프로그램이다. 중국같이 교실 밖을 나가면 전혀 영어를 들을 기회가 없는 곳에서 사용하면 좋은 프로그램이다.[73] 어린이들에게 복음 팔찌[74]를 만들어서 말씀과 함께 영어를 가르쳤다.

찬양 사역도 그의 단기 선교 중에 함께 하는 사역이다.

첫 번째 사역을 떠났던 보루네오섬의 베데스다병원에서 원목으로부터 수요 저녁 예배 때 말씀을 전해 달라는 부탁을 받았다. 그러자 그는 이번 선교를 떠나면서 주제곡으로 삼고 매일 불렀던 〈내 구주 예수를 더욱 사랑〉이라는 찬양을 인도네시아어로 써 달라고 해서 예배 시간에 말씀 전하기 전에 먼저 이 찬양을 부르고 싶다고 하면서 이 찬양을 불렀다. 찬양을 통하여 성령께서 사람들의 마음을 여시고 뜨겁게 해 주시는 것을 느꼈다.[75]

그 후 그가 가는 모든 사역지에는 그의 찬양이 함께하였다.

두 번째 의료 선교 방문지인 케냐에서는 외딴곳에 있는 숙소에 혼자 머물렀는데 무섭기도 하고 해서 밤마다 크게 찬양을 불렀다. 소문이 나고 집회에서 간증과 찬양을 해 달라는 초청이 들어오기 시작했다.[76]

---

73 전희근, 『단기 선교에서 배우는 하나님 2』, 50.
74 복음 팔찌는 어린이 선교용 교재로서 에덴동산을 나타내는 5개의 구슬(초록색, 죄와 죽음을 나타내는 검은색, 예수님의 보혈을 의미하는 빨간색, 죄 씻음의 흰색, 황금빛 천국의 노란색)을 하얀 줄에 꿰어 복음을 설명하며 만드는 팔찌이다.
75 전희근, 『단기 선교에서 배우는 하나님 2』, 195-96.
76 전희근, 『단기 선교에서 배우는 하나님 1』, 33-36.

스와질랜드에서는 방송선교회(Trans World Radio)에서 초청이 왔다. 이 찬양은 아이들과 함께 힘든 사역을 감당하는 독일 선교사의 부인을 위로하여 눈물짓게도 하였다.[77]

쿠웨이트에서는 어느 환자의 집에 심방을 가서 20곡을 쉬지 않고 서서 불렀던 일도 있었다. 성령께서 찬양을 통하여 강하게 역사하시는 것을 느끼는 시간이었다.[78] 쿠바에서는 결혼식을 못 올린 사람들을 위하여 만든 합동 결혼식에서 축가를 부르기도 하였다.[79]

그는 원래 노래 부르기를 좋아하였다. 그러나 40세가 될 때까지 한 번도 사람들 앞에서 독창을 해 본 경험이 없었다. 그때에 친구가 생일 선물로 준 『결코 너무 늦지 않았어』(Never too late)라는 책을 읽고 도전을 받아 성악 레슨을 받기 시작하였고, 그것을 40년 이상 계속하였다.

그렇게 성악을 공부한 것이 선교지에서 참으로 유용하게 쓰이게 된 것이다. 그는 67세에 병원 은퇴를 하면서 필라델피아의 김멜 센터에서 독창회를 하기도 했고 팔순 때에는 그가 다니는 교회에서 다시 독창회를 가지기도 하였다.[80]

---

77 전희근, 『단기 선교에서 배우는 하나님 1』, 53-64.
78 CGN AMERICA.
79 "전희근 선교사 인터뷰".
80 CGN AMERICA.

그가 중요시 여기는 단기 선교의 역할 중 하나는 현지의 선교사들과 만나고 교제하는 일이다. 35년 이상 25개 이상의 나라를 다니며 많은 사역을 감당한 그는 단기 선교에 관한 철학을 이렇게 한 마디로 말한다.

단기 선교는 일하러 가는 것이 아니라 함께 있어 주러 가는 것이다.[81]

그의 저서에서 그는 이 역할에 관하여 이렇게 기술한다.

단기 선교는 복음 전파나 의료 사역 못지않게 현지에서 수고하는 선교사들을 만나는 일 또한 중요하다. 선교사들은 고향을 떠난 외로움과 그칠 줄 모르는 사역, 그리고 낯선 기후와 음식 등으로 육체적으로는 만성 피로를 겪으며 정신적으로는 탈진하는 경우가 적지 않다. 그럴 때 선교지를 방문하는 단기 선교팀은 그들에게 위로가 된다.
단기 선교팀이 짧은 1-2주 동안 현지 사역을 돕는다면 얼마나 도울 수 있겠는가?
하지만, 선교사님들의 사역을 지지하며 먼 길을 마다하지 않고 찾아왔다는 것만으로도 그들에게는 힘이 된다. 그래서 잠시라도 그들의 땀을 식혀줄 수 있으리라 믿는다. 눈에서 멀어지면 마음에서도 멀어진다고 하듯이, 반대로 자주 만나다 보면 정도 더 생기게 된다. 또한, 후원 교회 선교

---

[81] "전희근 선교사 인터뷰".

팀의 방문은 후원 교회가 현지 사정을 더 이해할 수 있게 도와주기에 선교사들은 후원에 대한 염려를 좀 덜 수 있을 것이다.[82]

6) 선교 동원 사역

전희근 선교사는 선교 일선에서뿐만 아니라 선교 동원가로서도 많은 활동을 하였다. 가장 중요한 사역은 한미의료선교협의회(KAMHC, Korean American Missions Health Council)를 설립한 일이다.[83]

그는 의료 선교를 다니면서 의료 선교에 관심이 있는 사람끼리 함께 만나 보면 좋겠다는 생각을 한다. 마침 2000년 11월에 캔터키주의 루이빌에서 열렸던 미국의료 선교대회에 참석하여 도전을 받았지만 어떻게 해야 할지 엄두를 못 내고 있을 때 미국 순방중인 '한국의료 선교대회' 대표인 외과 의사 이건오 장로를 2005년에 만난다. 그리고 10명 정도의 의사들이 함께 모여 구체적인 방법을 논의하게 되고 한미의료선교협의회를 설립하고 초대 회장을 맡게 된다.[84]

그 다음해인 2006년 11월 4일 캘리포니아의 베델 한인교회에서 미국에서 처음으로 '한인 의료 선교대회'를 열게 되었다. 놀랍게도 의사, 간호사, 의료 관련 학생 등 총 800여 명이 참석했다. 의료 선

---

82 전희근, 『단기 선교에서 배우는 하나님 2』, 54.
83 "전희근 선교사 인터뷰".
84 전희근, 『단기 선교에서 배우는 하나님 2』, 114.

교의 네트워크가 형성되었고 의료 선교 방법에 관한 의견이 나누어졌고 포럼 등이 이루어졌다.

그 후 2년마다 선교대회를 열었으며 대회 외에도 의료 선교사 발굴, 단기 의료 선교, 그리고 미국과 한국의 의료인들과의 교류를 확대하며 이 선교회가 발전하였다.[85]

그 후 2015년부터는 재미교포 1.5세와 2세들이 주축이 되어 'Korean'을 빼고 대신 'Global'을 넣어 GMMA(Global Medical Mission Alliance)[86]로 그 명칭을 바꾸게 된다. 그리고 미국 동부와 서부의 40개 대학 캠퍼스에 지부를 두고 모임을 갖고 있으며 많은 의료 관련자가 의료 선교로 헌신하고 있다.[87] 디아스포라 선교의 멋진 현장이다.

전희근 선교사는 또한 신학교에서 의료 선교학 강의를 하였다. 당시 의료 선교학은 전 세계의 수많은 신학교 중에서 오직 미국의 풀러신학대학원과 한국의 아세아연합신학대학교 두 곳뿐이다. 그는 아세아연합신학대학교에서 1990년부터 10년간 그리고 풀러에서 1992년부터 10년간 일주일 동안 집중 강의를 하였다. 그는 그 강의에서 의료 선교의 역사, 임무, 목적과 목표 그리고 나라와 사람에 따라 접근 방법이 달라져야 하는 '맞춤형 의료 선교' 등을 소개했다.

---

85 전희근, 『단기 선교에서 배우는 하나님 2』, 114-15.
86 https://gmma7.org/를 참조하라.
87 전희근, 『단기 선교에서 배우는 하나님 2』, 115-16.

또한, 현지인들을 위한 선교지의 질환 처치 방법이나 응급 처치 그리고 지역 보건 전도 등도 포함이 되었고 선교사들의 육체적인 질병과 스트레스에 관련된 건강 관리 등도 강의하였다.[88]

그 후 한국의 총신대학교 선교대학원과 하와이에 있는 열방대학교 내의 보건대학에서도 수년간 의료 선교를 가르치기도 하였다. 또한, 여러 교회와 선교대회 그리고 대학과 방송 매체에서 의료 선교를 강의하였다.[89]

그는 또한 세계적으로 널리 알려진 선교 단체인 아프리카내지선교회(Africa Inland Mission),[90] 인터서브(Interserve)선교회,[91] CMDA(Christian Medical and Dental Association)[92] 등의 이사를 다년간 역임하기도 하였다. 그곳에서 다양한 경험을 갖고 있는 미국 선교회들의 운영을 배웠고 배운 것을 학교에서 강의하는 등 한국 선교회에 소개해 주는 징검다리 역할을 하였다.

---

88 전희근, 『단기 선교에서 배우는 하나님 2』, 143-46.
89 "전희근 선교사 인터뷰".
90 Africa Inland Mission (AIM)은 1895년에 설립된 아프리카 사람들을 가슴에 품고 선교사를 파송하는 선교 단체이다. https://aimint.org를 참조하라.
91 1852년 부터 아시아와 아랍의 가장 어려운 사람들에게 총체적 선교를 통해 복음을 증거해 온 글로벌 선교 단체이다. https://www.interserve.org/를 참조하라.
92 CMDA는 1931년에 설립된 13,000명 이상의 크리스천 의료, 치과 전문가와 학생들로 구성된 선교 단체이다. https://cmda.org/를 참조하라.

7) 선교 철학

전희근 선교사는 그의 저서 『단기 선교에서 배우는 하나님 2』의 에필로그에서 이런 질문을 던진다.

> 아프리카 케냐에 키자비(Kijabe)라는 곳이 있다. 그 뒤뜰에는 선교사들의 무덤이 있는데 그 가운데 알렌 선교사의 묘비명은 내게 큰 감명을 주었다. 그 묘비에는 단 한마디 "Satisfied"(만족하게 살았다)라고 쓰여 있는데 나는 그 묘비를 때때로 묵상해 본다.
> 알렌은 선교사였으므로 경제적인 문제, 자녀 교육, 건강 문제 등 어려운 일이 참으로 많았을 텐데 어떻게 만족하게 살았다고 비문에 적을 수 있었을까?[93]

그리고 자신의 생각으로는 그 선교사가 주님의 일을 열심히 하다가 세상을 떠났기 때문에 만족하게 살았을 것이라고 말한다. 자신이 좋아하는 일이 있어야 기쁨의 삶을 살 수가 있고 기쁜 삶을 살아야 만족함이 있기 때문이다.[94] 그의 인생철학 밑바탕에 깔린 선교 철학을 고스란히 느낄 수 있다.

93　전희근, 『단기 선교에서 배우는 하나님 2』, 221-22.
94　전희근, 『단기 선교에서 배우는 하나님 2』, 222.

그가 꼽는 자신의 첫 번째 믿음의 롤모델은 루스 쉐이퍼(Ruth Shaffer)라는 여자 선교사이다.[95] 그는 그녀가 35년간 감당했던 케냐 마사이 선교 사역을 기록한 『킬리만자로 가는 길』이라는 책을 읽고 큰 감명을 받았다. 그리고 루스 선교사를 만나기 위하여 수소문을 했다. 그리고 마침내 필라델피아 근처의 '그리스도의 집'이라고 하는 양로원에 머물고 있는 90세의 그녀를 찾아 내었다.

그녀는 양로원의 작은 방에서 소박하게 살고 있었지만 영국 여왕 못지않게 아무것도 부족함이 없는 듯 당당한 위엄이 있었다고 한다. 90세의 나이에 80대 중반의 한 여성에게 피아노를 가르치고 있었는데 그녀가 이렇게 말했다고 한다.

> 우리가 이 양로원에서 밥만 먹고 잠만 자다가 죽을 수는 없어. 내가 피아노를 칠 줄 아니까 피아노를 가르쳐 줄게.

그녀를 보면서 전 선교사는 나도 늙으면 루스처럼 살아야겠다고 마음먹었다고 한다.[96]

전희근 선교사는 인터뷰를 마치며 자신의 선교 사역을 회고하면서 이렇게 말한다.

---

95 "전희근 선교사 인터뷰".
96 전희근, 『단기 선교에서 배우는 하나님 1』, 194-97.

주님이 좋아하실 일을 열심히 하며 살 때 비로서 만족하게 살았다고 말하며 천국에 갈 것이다. 나의 비석에도 한마디 '만족하게 살았다'라고 쓰고 싶다. 오늘도 주님이 기뻐하실 일을 찾아 나서야겠다.[97]

3. 사례 3: 신동수 우간다 거주 의료 선교사

신동수 선교사의 삶과 선교 사역에 관한 자료는 선교사 본인과 이메일로 인터뷰한 내용과 방송에 출연한 유튜브 영상 등의 내용을 요약한 것이다.

<그림 20> 신동수 선교사[98]

---

97 "전희근 선교사 인터뷰".
98 우간다 베데스다병원에서 수술하는 신동수 선교사.

1) 은퇴 전 인생 전반부의 삶

신동수 선교사는 한국에서 1965년에 의대를 졸업하고 해군 군의관으로 복무한 후 도미하였다. 뉴욕에서 외과 전문의 과정을 수료하고 전문의 자격을 취득하였고 그 후 캘리포니아의 라미라다에서 외과 병원을 개업하였고 캘리포니아 웨스턴대학교에서 외과 외래 교수로 겸직하기도 하였다.[99] 수술 의사로서 그의 이름은 남가주에서 상당히 유명하였다. 수많은 사람이 그의 수술로 목숨을 건졌고 필자가 아는 선교사도 세 명이나 그에게서 암 수술을 받기도 하였다.

그는 가난한 불교 집안에서 태어났다. 주님을 만나기 전 그의 삶의 목적은 풍족한 삶을 누리는 성공한 의사로서의 모습이었다. 그런데 50대 후반이 되면서 인생에 대한 깊은 고민에 빠졌다. 그는 "왜 인생을 살아야 하는지", "어디로 가는 것인지", "결론이 무엇인지", "어떻게 살아야 올바른 길인지" 등과 같은 근본적인 문제들에 봉착을 해서 고심을 하며 해답을 찾기 시작하였다.

20대 초반에 철학에 조금 관심이 있었을 때에 가져 본 질문이었다. 그때 해답을 찾지 못하였는데 바빠 살면서 잊어버렸던 그 질문이 성공에 취해 있던 그에게 강력하게 다시 다가왔던 것이다. 그는 이 질문을 주님께서 자신을 찾아오신 은혜라고 말한다.[100]

---

[99] GKCTV, "선교사 인터뷰 신동수 선교사", GKCTV, January 2, 2015.
[100] "신동수 선교사 인터뷰", interview by 이성희, 2023, L.A.

그때에 평소에 안면이 없었던 어떤 그리스도인 치과 의사로부터 성경 공부를 해보자는 제안을 받게 되었고 공부를 하며 제자 훈련을 받게 되었다. 그 과정 속에서 그는 자신의 인생에 관한 모든 의문에 실마리를 찾게 되었으며 또한 예수 그리스도를 인격적으로 만나게 되었고 그 분을 삶의 주인으로 영접하였다.

그는 필자와의 인터뷰에서 이렇게 말한다.

> 미국에서 45년을 살아서 밖은 노랗고 속은 흰색 쪽으로 변해 있었습니다. 잘 성공했다고 착각했지만 거듭난 후에는 길을 잘못 가고 있음을 깨달았습니다. 그래서 방향 전환이 이루어지게 되었습니다. 운 좋게 막차를 타게 된 것입니다. 하지만, 너무나 깊이 젖어 있는 환경과 습관에서 벗어나기가 막상 쉽지만은 않았습니다. 계속 눈을 돌리려고 노력하고 있었습니다.[101]

그 후 주님의 손길로 인하여 그의 삶은 변화되기 시작하였다 지금까지 물질 중심의 삶을 살았는데 이제 앞으로 남은 여생은 주님을 위하여, 복음을 위하여 살겠다는 결단을 하게 된다. 그리고 신학교에 등록하여 주경야독으로 신학공부를 시작하며 여러 선교지에 의료 선교사로서 단기 사역을 시작한다.

---

[101] "신동수 선교사 인터뷰".

또한, 의료 선교회를 설립하여 주변의 의사들에게 선교의 사명을 고취시키며 함께 사역하였다.[102] 이들과 함께 15년간 세계 30개국을 다니며 선교사들의 사역지를 순방하며 질병으로 고통받는 수많은 사람을 치유하며 희망을 보여 주었다. 그가 초기에 선교지로 가슴에 품은 북한도 여러 번 왕래하였다.[103]

2013년에는 병원이라고는 찾아볼 수 없는 외딴 선교지에서 사역하고 있는 선교사들에게 꼭 필요한 의료 지식들을 알기 쉽게 종합 정리한 『선한 사마리아인의 손길』(쿰란출판사)을 출판했다.

그는 다음과 같이 말한다.

> 지난 20여 년 동안 의사로서, 선교사로 선교지를 많이 방문하면서 의료 혜택이 없는 오지 선교지에서 사역하는 선교사님들을 위해 알기 쉽게 정리한 종합 의료 책자를 만들고 싶었다.
>
> 이 책에서는 검진, 응급 치료, 각종 질환에 대한 일차 대응법, 임신, 성병, 고혈압, 치과 응급 대책 그리고 스스로 건강검진을 하는 방법 등 다양한 내용으로 구성됐다.[104]

---

102 GMAN 선교방송, "미션 365 남수단 신동수 선교사," GMAN, January 28, 2015.
103 "신동수 선교사 인터뷰".
104 "'선한 사마리아인의…' 신동수 지음", 「미주 한국일보」 (April 10, 2013).

68세에 그는 목사 안수를 받는다. 그리고 그는 선교사의 길을 택한다. 그때의 결단을 그는 이렇게 말한다.

> 68 세에 목사 안수를 받고 나서 목회 쪽으로는 갈 시간이 없었습니다. 그래서 저에게 주어진 사명을 어떻게 감당을 할까 하다가 은퇴가 없는 선교사의 길을 택했습니다. 그때 주님께서 저에게 주신 두 말씀이 야고보서 1장 27절의 "환난 중에 있는 고아와 과부를 돌보는 것" 그리고 누가복음 9장 23절의 "아무든지 나를 따라오려거든 자기를 부인하고 날마다 십자가를 지고"였습니다.
> 그래서 저는 어떻게 나를 부인할 것인가를 놓고 기도하였는데 내가 소중하게 모시는 것을 포기해야 함을 깨닫고 먼저 저의 모든 물질을 주님을 위하여 내려 놓기로 하였습니다. 그래서 저의 자식들에게 지금 내가 가지고 있는 모든 재산은 내 것이 아니고 하나님의 소유임을 선포하였고 주님의 사역으로 모두 드리기로 작정을 하였습니다. 지금은 저의 자아와 전쟁을 하고 있는 중입니다.[105]

결국, 그는 74세가 되던 해에 그의 직업인 외과 의사직을 은퇴한다. 이제 남은 후반부의 인생은 온전히 복음을 위해 살겠다는 결단을 한 것이다. 하나님만을 쳐다보며 새 삶을 살아가겠다는 열망이 그를 감쌌다. 기독교 초반의 수도원 같은 삶을 생각하기도 하였다.

---

[105] "신동수 선교사 인터뷰".

그래서 단기 선교로 다녔던 아프리카 남수단의 어느 시골 마을을 선교지로 택하였다. 그리고 출석하던 교회의 선교사로 파송 받은 후 아프리카의 남수단으로 홀연히 떠난다.106

한인 디아스포라로서 살아왔던 삶의 지경을 넓혀 새로운 땅에 복음의 씨앗을 뿌리는 디아스포라로서 황금기 선교사의 길을 간 것이다.

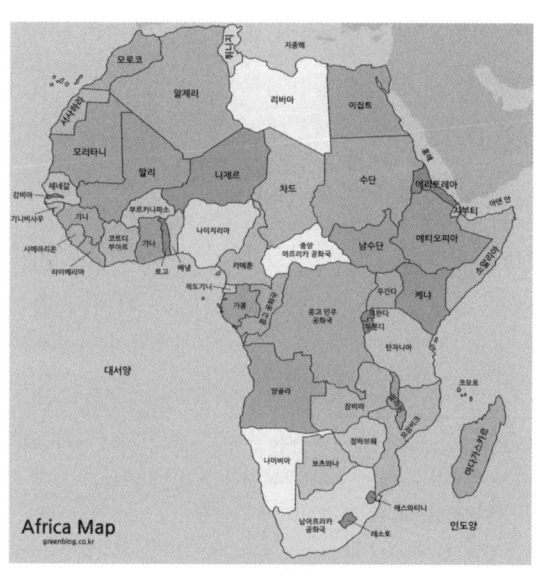

<지도 4> 아프리카 지도107

---

106 "신동수 선교사 인터뷰".
107 Greenblog, 아프리카 지도 (서울: Greenblog, 2021).

2) 남수단 사역

그가 선교지로 택한 남수단은 당시 수단공화국으로부터 독립한 지 얼마 되지 않은 신생 독립국가[108]였다. 50년 이상이나 계속되었던 내전으로 인하여[109] 수많은 사람이 죽었고 많은 고아가 생겨났으며 가정이나 사회 구조 등 기본적인 삶의 체계가 무너져 있는 상태였다.

말라리아, 콜레라, 장티푸스 같은 전염병이 창궐하였고 하루에 한 끼도 못 먹는 사람들이 수도 없이 많이 있었다. 우기가 길어서 얼마든지 농사가 가능한 땅이었지만 전쟁으로 인하여 농사마저 제대로 지을 수가 없어 황폐한 채로 버려졌고 UN과 NGO의 원조로 근근이 살아가는 당시 세계 최빈국 중의 하나였다.[110]

신 선교사는 그동안 여러 나라를 다녔던 단기 선교의 경험과 연구 자료를 토대로 하여 의료사역보다는 어린이 사역에 확신을 가지고

---

108 남수단은 동아프리카에 위치하였고 수도는 '주바'이다. 2011년 7월 9일에 수단공화국으로부터 독립하였다. 카톨릭을 포함한 기독교가 전 국민의 60퍼센트 이상이 되는 것으로 알려져 있다.

109 무슬림 중심의 북부 아랍 문화권과 남부의 기독교 중심의 누비아 문화의 충돌로 50여 년간 내전이 있어 왔다. 수많은 희생자와 난민이 발생하였고 1994년 '퓰리처 보도 사진상'을 받은 캐빈 카터의 '수단 아이를 기다리는 독수리'라는 사진은 내전 당시의 참상을 상징적으로 잘 보여 주고 있다. 굶주림에 지쳐 쓰러진 소녀를 독수리가 기다리며 지켜보는 장면은 전 세계 사람들의 주목을 받기도 하였다.

110 "신동수 선교사 인터뷰".

어린이 사역 중심의 선교 전략으로 접근하였다.

이 전략의 성경적 동기는 신명기 6장 7절의 말씀이었다.

> 자녀에게 부지런히 가르치며 집에 앉았을 때에든지 길을 갈 때에든지 누워 있을 때에든지 일어날 때에든지 이 말씀을 강론할 것이며(신 6:7).

모세가 이 글을 쓸 때가 지금으로부터 약 3,500년 전이었다. 그때는 아이들 교육이란 개념이 전혀 없을 때였는데 이 말씀이 바로 그의 자손 후대에 대한 전도 교육이었다. 그리고 또 이론적 배경으로는 어린이 중심의 전도가 성인 전도보다 더 효과적인 전도 방법이라는 '4-14 window 운동'[111]이었다.

이런 배경을 바탕으로 그는 남수단의 어지러운 사회 현상을 감안하여 어린아이들이 신앙인으로 잘 자라서 가정을 살리고 교회의 일꾼이 되어서 사회의 빛과 소금으로 살게 하고 사회에 영향을 주는 지도자로 만들겠다는 사역의 목표를 정한다.[112]

그래서 그가 시작한 첫 사역은 20명의 고아를 선발하여 함께 살면서 신앙으로 다듬어 가는 사역이었다. 인구 15,000명 정도의 남수

---

[111] 4-14 윈도우는 월드비전(World Vision)의 브라이언트 마이어스(Bryant Myers)에 의하여 주창되었고 후에 선교 전략가인 루이스 부쉬(Luis Bush)에 의하여 널리 알려지게 되었다. 4-14윈도우는 어린이전도운동의 주제이다. 4살에서 14살까지의 어린이들에게 전도가 집중될 때에 가장 효과적인 전도의 결과가 이루어진다는 이론이다.

[112] GMAN 선교방송.

단의 조용한 시골 마을에 이 사역을 위한 집을 하나 지었다. 외부인이라고는 한 명도 없는 곳이었다. 그곳에서 현지인 사역자들과 함께 약 30여 명이 먹고 자고 공동 생활을 시작한 것이다.

또, 조그마한 교회도 시작하였고 270명 학생들이 공부하는 초등학교를 운영하기도 하였다. 전기도 없고 물도 빗물을 받아서 쓰거나 강물을 식수로 쓰는 그런 동네였다. 트럭으로 운반하는 물을 사서 아껴서 사용했지만 턱없이 부족하였다. 음식은 주로 우간다에서 수입해 온 콩과 옥수수 가루였다.

아이들은 5-14세의 나이였다. 방과 후, 학업 능력에 따라 소그룹별로 나누어 영어와 수학을 가르쳤다. 그리고 매일 저녁 예배를 드리고 성경 읽기를 하게 하였다. 학교를 다니는 아이들은 공용어인 영어를 하기에 언어적인 문제는 없었다. 또, 빨래, 식사 준비 등에 각 개인 모두를 참여케 하여 책임감과 의무에 관한 공동체 교육도 자연스럽게 몸에 배도록 하였다. 모든 아이에게 주의 은혜가 생생하게 체험되는 선교 현장이었다.[113]

3) 장기 거주 우간다 의료 사역

그렇게 남수단에서 사역을 하던 중 청천벽력 같은 일이 일어났다. 현지 목사의 악랄한 탐욕의 덫에 걸린 것이다. 결국, 빈 몸으로 그곳

113　GMAN 선교방송.

을 쫓겨났다. 그러나 그는 실망치 않고 새로운 선교지로 향하였다. 그 후 에디오피아의 한 기독병원에서 외과 과장과 교수, ICU 책임자로 섬기다가 우간다에서 새로운 사역의 둥지를 틀었다. 우간다의 수도 캄팔라에 있는 베데스다 기독병원의 외과 과장으로 환자들을 치료하면서 수시로 시골 의료 선교를 나간다.[114]

마태복음은 예수님의 사역을 가르치시고(Teaching), 선포하시고(Proclaiming), 치료(Healing)하시는 세 가지 사역으로 분류한다.

> 예수께서 모든 도시와 마을에 두루 다니사 그들의 회당에서 가르치시며 천국 복음을 전파하시며 모든 병과 모든 약한 것을 고치시니라(마 9:35).

예수님은 죄와 사망의 심판에서 해방하는 영적인 것뿐 아니라 육체적 질병으로부터 치유하신 것이다. 의료 선교의 효시라고 할 수 있다.

의사를 통한 의료 선교의 역사는 그렇게 길지는 않다. 1793년 윌리엄 캐리가 인도로 가는 배에 올랐을 때 그와 동승한 동료는 의사 한 명뿐이었다.[115]

---

[114] "신동수 선교사 인터뷰".

[115] Walls F. Andrew, 『세계 기독교와 선교운동』 (서울: 한국기독학생회출판부, 2018), 407. 그는 John Thomas이다. 해군 군의관으로 일했고 후에 Bengal의 첫 침례교 선교사가 되었다.

그러나 점차로 의료 선교는 선교 역사에서 널리 시행되어 왔다. '위대한 선교의 세기'로 일컬어지는 19세기에 선교지에 의사가 장기로 거주하는 의료 선교는 가장 효과적인 선교 방법이었다.[116]

LMS(London Missionary Society)[117]가 임명한 최초의 진정한 의료 선교사 윌리엄 록하트(Willaim Lockhart)는 1860년 '리버풀 선교대회'의 '첫 선교사 모임'에서 '장기 거주 의료 선교'에 관하여 다음과 같이 말한다.

> 그들(의료 선교사)은 영국과 미국에 있는 여러 선교 협회의 파송을 받아, "선한 일에 힘쓰셨고" 또 "사람들 가운데 퍼진 온갖 질병을 치료하셨던" 그리스도를 본받아 의료 선교 사역을 시작했습니다. 그렇게 시도한 실험은 우상 숭배자들이 있는 여러 나라로 의사들을 보내어 그들의 병을 고치게 함으로써 사람들의 사랑과 신뢰를 얻는 일이었습니다.
> 또한, 그와 동시에 그들의 마음을 "위대하신 의사이신" 그리스도에게로, 죄라는 그들의 더 깊은 질병을 고치실 수 있는 그 분께로 향하게 하는 것이었습니다.

---

116 이복수, "의료 선교의 중요성과 21세기 전망" (고신대학교, 2000), 93.
117 The London Missionary Society는 1795년 영국에 세워진 국제 복음 선교 기구이다. https://study.com/academy/lesson/london-missionary-society-history-missions-lms.htm 참조.

기독교에 매우 배타적이었던 중국 청왕조를 호의적인 반응으로 전환시킨 것은 의료 선교의 역할이었다.[118]

한국 초기 의료 선교사들의 의료사역 또한 서양과 기독교에 갖고 있던 편견을 제거하고 굳게 닫혔던 선교의 빗장을 열었다. 당시 불결하고 낮은 위생 환경 때문에 다양한 전염병이 빈번하게 발생하였는데 의료 선교사들은 왕실은 물론 사회적으로 천대받는 계층들까지 헌신적으로 치료해 주면서 조선 왕실과 백성들의 마음 문을 열게 했다.

의료 선교가 조선 선교의 플랫폼이 되어 많은 선교사가 안정적인 선교 사역을 할 수 있게 하였다. 이 같은 이유로 각 선교부는 의료 선교에 집중하였다. 조선 말 일제 강점기에 활동한 의료 선교사는 총 280명으로 전체 선교사의 90퍼센트를 차지했을 정도였다.[119]

신동수 선교사도 우간다에서 이러한 장기 거주 의료 선교사로서 사역을 시작하였다. 현재 82세이지만 열심히 운동도 하며 여전히 그의 사역을 잘 감당하고 있다. 그는 주중에 병원에서 환자를 돌본다. 수술전문 외과 의사이기 때문에 수많은 수술을 행한다. 그는 또한 복강경 수술 전문가이기에 병원에 복강경 수술 센터를 구축하고 복

---

118 김상근, "더글라스 크리스티(Duglas Christie)와 존 로우(John Lowe)의 초기 의료 선교 이론"「신학논단 39집」, 2005, 375-412.

119 한규무, "미국 남장로교 한국 선교부의 전남지역 의료 선교(1898-1940)",「남도문학 연구 제 20집」, 2011, 452.

강경 수술 전문가도 양성을 하고 있다.[120]

그리고 주말이면 의료 취약지로 나간다. 다음은 과테말라에서 우간다로 단기 선교를 왔다가 신동수 선교사와 함께 시골로 의료 선교를 갔던 의학을 공부하고 있는 한 여학생의 간증이다.

우간다 단기 선교를 다녀와서

Jung입니다. 우간다에는 2019년 11월 25일 도착하여 거의 두 달을 지냈습니다. 현재 의과대학 2학년생으로 의료인으로서의 분명한 동기를 발견한 저는, 저의 생각하는 방식과 인생에 대한 이해와 제 삶 전체를 변화시킬 놀라운 여행을 계획해 주신 하나님께 감사드립니다. 저는 중앙아메리카의 작은 나라 과테말라에서 온 Blessing이고, 의료 현장을 경험하고 배우고자 우간다에 왔습니다.

첫째 주말, 저는 신동수 선교사님(외과 전문의), 마이클 선교사(메디컬 캠프 코디네이터), 그리고 수술실 보조 모세스와 함께 우간다 동부 캅쵸라(Kapchorwa) 지역에 방문했습니다. 제 인생에서 처음으로 참여하는 수술이었기 때문에 저는 매우 흥분했습니다. 외과 캠프는 캅쵸라병원에서 4일간 개최했습니다.

---

120 "신동수 선교사 인터뷰".

첫째 날, 신 선교사님은 수술이 필요한 환자들을 진찰했습니다. 저는 이날 지방종 (lipoma), 음낭 수종(hydrocele), 탈장(hernia) 등과 같은 질환들을 처음 보았습니다. 신 선교사님은 현지 의사들의 도움을 받아 수술을 진행하며, 수술 과정을 매우 구체적으로 설명해 주셨습니다.

이 때문에 현지인 의사들은 매우 행복해했습니다. 모든 수술이 달랐고, 아이에서 어른까지 각각의 수술에서 이런 저런 것들을 배울 수 있었습니다. 그리고 아이들의 수술을 위해서 마취과 의사와 함께 일할 수 있는 기회도 있었습니다.

둘째 날, 저는 한 아이의 수술에서 눈이 휘둥그레졌습니다. 꼬마의 등에 뼈와 같이 단단한 10센티미터 정도 크기의 종양이 있었기 때문입니다. 수술실에 있던 모든 사람이 놀랐습니다. 셋째 날, 저는 더 적극적으로 수술에 참여했습니다. 처음에는 모든 것이 생소해서 힘들었지만, 수술에 관한 기본적인 것들과 각각의 수술에 필요한 수술 세트들을 배우면서 보다 숙련되었기 때문입니다.

우리 팀은 병원 의료진과 수술실을 공유했습니다. 그래서 저는 난생 처음으로 두 건의 제왕절개 수술을 볼 수 있었고, 놀라웠습니다. 이날 저는 모든 수술 과정에서 보호와 안전 조치가 얼마나 중요한지를 배웠습니다. 수술 환자 한 명이 HIV 양성이었는데, 우리는 그 사실을 모른 채 수술을 시작했습니다.

수술을 절반쯤 진행했을 때 한 현지인 의사가 환자가 HIV 양성이라고 알려 주었고, 곧 바로 수술을 중단하고 우리 모두는 수술 장갑을 두겹으로 끼는 등의 보호 조치를 취했습니다. 그리고 계속 수술은 진행되었습니다. 하루 일과를 마치고 저는 충격에서 벗어나지 못했습니다. 이와 같은 질병에 이렇게까지 가까이 노출된 적이 없었기 때문입니다.

수술 마지막 날인 넷째 날, 수술 캠프가 끝나가고 있다는 사실에 슬픔이 몰려왔습니다. 우리는 수술 재료들을 거의 다 사용했습니다. 그럼에도 저는 신 선교사님이 모든 수술을 자연스럽게 진행하는 모습에 놀랐습니다. 수술 캠프 동안 우리는 수술이 필요한 모든 환자를 수술할 수 없었는데, 수술실 환경이 열악하기도 했고 일부 수술은 보다 특별한 수술 장비가 필요했기 때문입니다.

우리는 매일 녹초가 되었지만 기뻤습니다. 저는 1미터 떨어진 거리에서 49건의 수술을 보며 제 의료 지식을 발전시킬 수 있는 기회에 감사했습니다. 우리는 다음 날 캄팔라로 돌아왔습니다.[121]

---

[121] Blessing Jung, "우간다 선교를 다녀와서", 「베데스다선교병원 이야기 꾸러미」, (베데스다병원, 2020), accessed April 19, 2023, https://www.ubf.org/sites/ubforg/articles/1589507627.pdf.

신 선교사는 본인의 의료사역에 관한 생각을 이렇게 정의한다.

> 배우고 살아온 길이 오직 의사였으니 자연히 의료 선교로 이끌어졌습니다. 의료가 단지 인간의 고통을 해결하기 위한 것이 아닙니다. 선한 사마리아 사람처럼 섬기며 이해해 주는 과정을 통하여 주님께 함께 더 간구하도록 인도하는 것이 의료 행위라고 생각합니다.[122]

4) 어린이 사역

의료 사역 외에 그가 꾸준히 하고 있는 사역이 있다. 바로 남수단에서 진행했던 어린이 사역이다. 그는 병원 근무와 의료 선교로 인하여 바쁜 일정 가운데에 어린이들에게 성경을 암송하게 하는 프로젝트를 계속하고 있는데 독특한 사역이다.

우간다는 초등학교도 학비를 내야 공부를 할 수 있는 상황이다. 그래서 신 선교사는 이에 착안하여 학비가 없어 학교에 가지 못하는 학생들에게 한 학기 학비(약 30달러)를 장학금으로 지원한다. 그런데 조건이 있다. 그것은 요한복음을 외우게 하는 것이다. 일년이 세 학기인데 한 학기가 끝날 때까지 요한복음 1장과 2장을 외우면, 다음 학기 30달러 장학금을 지급한다. 그 다음에 또 3, 4장을 외우면 다음 학비를 지급하는 것이다.

---

[122] "신동수 선교사 인터뷰".

우간다도 영어권 지역이어서 아이들이 영어를 쉽게 배우고 읽을 수 있어서 영어로 성경을 읽고 외우기가 어렵지 않다. 처음에는 약 900명으로 시작하여 현재 약 1,500여 명의 학생들이 신 선교사가 주는 장학금으로 공부를 하면서 요한복음 성경을 외우고 있다. 지금은 모든 학생이 7장까지 암송을 하였다고 한다.

더욱 의미 있는 일은 가난한 무슬림 집안 아이들이 학교에 가지 못하다가, 학교에 갈 욕심으로 성경을 외운다는 사실이다. 무슬림 가정 아이들이면 마땅히 코란경을 외워야 하는데 오히려 성경을 외우고 있는 것이다.[123]

어릴 때 외운 성경 말씀이 그들의 평생 동안 뇌리 속에 남게 될 것이고 성령님께서 그 영혼 속에 심겨진 말씀을 통하여 거룩한 역사를 이루게 될 것이다. 또한, 신 선교사는 우간다에서도 역시 두 명의 고아들을 데려다가 자기 숙소에서 같이 살며 먹이고 재우고 학교에 보내면서 장래 주님의 제자로 훈련을 시키고 있다.

남자 아이들인데 9살, 10살이다. 이들은 부모와 가족의 기억도 없는 상태에서 지금 3년째 키우고 있다. 그런데 그들은 벌써 요한복음을 7번째 반복 암송을 하고 있고 신 선교사가 진행하는 1,500명의 요한복음 암송 시험 채점을 돕는, 없어서는 안 되는 훌륭한 동역자들이 되었다.[124]

---

[123] "신동수 선교사 인터뷰".
[124] "신동수 선교사 인터뷰".

5) 선교 철학

그의 선교 사역의 기본적인 철학은 말씀이 바탕이 된 어린이를 향한 선교이다. 말을 배우기 시작하는 어린 영혼에게 아무런 오물이 묻지 않은 때부터 성경말씀을 통하여 예수 그리스도의 영으로 바탕을 깔고 거듭나게 하는 것이 가장 효과적인 선교라고 생각한다. 오랜 시간 동안의 수많은 단기 선교의 경험을 통하여 체험하게 된 철학이다.

주님께서는 이렇게 말씀하신다.

> 가라사대 진실로 너희에게 이르노니 너희가 돌이켜 어린아이들과 같이 되지 아니하면 결단코 천국에 들어가지 못하리라 그러므로 누구든지 이 어린아이와 같이 자기를 낮추는 그이가 천국에서 큰 자니라 또 누구든지 내 이름으로 이런 어린아이 하나를 영접하면 곧 나를 영접 함이니(마 18:3-5).

그는 인터뷰를 마치며 이렇게 그의 삶과 사역을 회고한다.

> 제가 살아보니까 저의 모든 과거의 삶의 여정 그리고 앞으로의 삶의 길은 내가 결정하는 것이 하나도 없고 주님께서 전적으로 주관하심을 깨닫습니다. 단순히 죽도록 순종하는 것뿐임을 알게 되었습니다. 모든 황금기 선교를 꿈꾸는 분도 아무것에도 양보하지 않는 주님과의 약속, 충

성, 헌신을 붙잡으신다면 주님께서 친히 일하실 것을 믿습니다.[125]

4. 성육신적 증인된 삶

골든게이트신학대학교의 교수인 샘 시몬(J. Sam Simon) 박사는 예수 그리스도의 성육신은 가장 선교적인 사건을 대표하는 것이라고 다음과 같이 말한다.

> 선교(Mission)라는 단어는 "보낸다"라는 의미를 담고 있는 라틴어 missio 로부터 파생된 것이다. 하나님께서는 보내시는 하나님이시고 그래서 선교적인 하나님이시다. 사실 영원하신 하나님께서 육신의 몸을 입고 성육신 하신 사건은 시간과 영원 속에서 볼 때 가장 선교적인 사건을 대표하는 것이다.
> 이 성육신이 바로 죄에 빠진 인류를 구원하시는 하나님의 방법이기도 하다. 성육신은 하늘에 속한 것이며 선교에 대한 유일한 프로그램이라 할 수 있다. 하나님은 결코 인간을 죄 중에 빠진 절망 속에 거하도록 내버려 두지 않으셨다.[126]

---

125 "신동수 선교사 인터뷰".
126 Terry, 『선교학대전』, 201.

타 문화권에서 사역하는 선교사들은 복음이 전달되어야 할 현지인들 사이에서 활동하고 사역하는 사람들이다. 따라서, 이들의 삶의 방식은 복음을 전하는 통로로서 매우 중요하다. 남침례교신학대학교의 인류학 교수인 윌리엄 고프(William E. Goff) 박사는 선교사의 삶의 방식 중 가장 중요한 것이 성육신적 증인의 삶이라고 하며 이렇게 말한다.

> 사역에의 성육신적 접근의 성취는 우리를 위해 "그는 부요하시지만 가난하게 되신"(고후 8:9) 예수를 따르는 것을 포함한다. 다른 사람들을 돕고 섬기기 위해 자신을 섬기는 것을 자발적으로 제한하는 것이 성육신적 사역의 핵심을 분명히 한다.[127]
>
> 성육신적 증인의 수준에 달하기 위해, 선교사들은 일정한 동체화의 과정을 따라야만 한다. 그들이 살고 있는 문화에 항상 복음이 충돌할 수 있을 것이라는 사실을 알아야 한다.[128]
>
> 성육신적 존재의 중요한 결과들 중 하나는 사람들이 자신들의 행동, 가치, 이상의 측면에서 어디에 있는지를 발견하고 복음을 이러한 문화적 고리들에 매어 다는 방법들을 찾는 것이다. 선교사들은 문화와 또 다른 민족의 삶 속에 그들 자신을 던지려는 의지로 인하여 동체화에 스며들게 된다.[129]

---

127 Terry, 『선교학대전』, 465.
128 Terry, 『선교학대전』, 465.
129 Terry, 『선교학대전』, 467.

김현영, 전희근, 신동수 선교사는 모두 성육신적인 증인의 삶을 산 사람들이다. 그들은 모두 미국의 주류사회에서도 최고의 인정을 받는 사람들이다. 얼마든지 그들의 노후를 편안하고 여유롭게 즐기며 살 수 있는, 어느 것 하나 부족하지 않은 사람들이다.

그런데 그보다는 예수 그리스도께서 본을 보이신 성육신의 삶의 방식을 택하였다. 현지의 삶이 얼마나 불편한지 그들은 너무나 잘 안다. 그러나 그들은 결코 불편해하지 않았다. 오히려 이 땅에 오신 예수 그리스도를 닮아 그곳에서 종 됨의 모본을 보였고 동체화의 종이 되었다.

한 환자를 수술하는 중간에 HIV 양성인 줄을 알게 된 신동수 선교사, 그 환자의 피를 만진 그의 마음이 어땠을까?

그러나 그는 두꺼운 장갑을 끼고 다시 수술칼을 잡았다.[130]

가난한 원주민들을 위하여 비싼 값을 주고 젖 염소를 사서 사육하라고 값없이 나누어 주었다. 또한, 사육 교육을 담당할 사람들을 미국과 한국에서 공부를 시키고 직접 찾아가 그들에게 사육 방법을 교육하였다. 그런데 당장 자신들에게 이익이 없다고 제대로 돌보지 않아 염소들이 죽었다. 심지어는 말도 안 하고 팔아 치워버렸다.

김현영 선교사의 그때 마음이 어떠했을까?

그러나 그는 그곳에서 다시 시작하였다.[131]

130　"신동수 선교사 인터뷰".
131　"김현영 선교사 인터뷰".

전희근 선교사는 첫 선교지였던 인도네시아의 원주민 마을을 다녀온 후 3개월 동안 말리리아 증세로 앓았다. 그런데도 얼마 후 다시 그보다도 더 열악한 케냐의 마사이족을 찾았다. 좁은 쇠똥 집 속에서 코를 찌르는 퀘퀘한 냄새와 안에서 떼는 장작불 연기 때문에 속이 메스꺼워 죽을 지경인데 주인이 대접한다고 주전자에 차를 덥히고 있다. 무엇인가 물어보았더니 우유에 소의 피를 섞은 것이라고 한다.

주인이 권하는 미지근한 찻잔을 받아 들고 두 눈을 꼭 감고 숨을 멈춘 채 단숨에 삼켜 버리는 그의 마음은 어땠을까?

그러나 그는 또다시 그곳을 찾았다.[132]

이들의 이야기는 하늘 보좌를 버리고 이 땅에 오신 예수 그리스도를 닮으려는 성육신적 증인의 삶의 단면적인 모습이다.

5. 선교사를 아는 지인들의 짧은 평

PGM 대표 호성기 목사는 〈국민일보〉 칼럼에서 미주 한인 디아스포라로서 자신의 전문성을 살려서 황금기 선교를 감당하는 김현영 선교사의 선교 사역에 대하여 이렇게 평한다.

---

132 "전희근 선교사 인터뷰".

이 부부가 디아스포라로 흩어져 과테말라로 선교사로 간 후 복음의 선한 효과가 나타났다. 이 부부를 통해 '전문인 선교단'이 기적처럼 세워졌다. 각 분야의 전문인 선교사들이 모여 산칼로스국립대학교 복음화를 위해 빵과 영어교육 등 필요한 것을 공급하며 복음으로 그리스도인이 배출될 수 있도록 돕고 있다. '빵과 복음을 함께'라는 전인적이고 총체적인 선교를 통해 과테말라의 주요 대학교가 복음화되고 있다. 이 방법이 바로 디아스포라를 통한, 디아스포라를 위한, 디아스포라 선교, 즉 하나님의 선교다.[133]

필라델피아 제일장로교회 김만우 원로 목사는 전희근 선교사의 『단기 선교에서 배우는 하나님』의 서문에서 그에 관하여 이렇게 말하고 있다.

그는 하나님의 부르심을 따라 노래하듯 의료 선교를 다니고, 사람들의 마음을 치유하듯 노래를 부르며, 가난하고 불쌍하고 도움이 필요한 사람들을 찾아 세계 방방곡곡을 누비는 분입니다. 십자가의 사랑을 따라 인종차별 없이 베푸는 그의 섬김과 긍휼의 발걸음이 귀합니다. 저는 그를 만날 때마다 겸비함과 온화한 느낌을 받습니다. 구주 예수 그리스도 하나님의 아들을 본받는 전 장로님의 신앙생활을 통해서 독자들도 예수

---

[133] 호성기, "빵과 복음을 함께 … 전인적 선교로 과테말라 복음화".

님을 본받는 생활을 격려 받게 될 것입니다.[134]

전임 미주장로회신학대학교의 총장 김인수 박사는 본 저자와의 인터뷰에서 신동수 선교사에 관하여 이렇게 말한다.

> 신동수 선교사는 한국 기독교 선교 역사에 남을 만한 선교사이다. 미국에서 유명한 수술 외과 의사로서 성공 가도를 달리던 그가 어느 날 병원 문을 닫고 홀연히 전기도, 물도 없는 가장 열악한 환경의 아프리카의 시골로 떠난다. 그곳에서 고아 아이들과 함께 먹고 자고 가르치며 성육신적인 선교 사역을 시작하였다. 나는 한국 선교사 중에서 이런 선교사를 본 일이 없다. 그곳에서 나쁜 한 현지인 목사에게 모함을 받고 다 남겨 둔 채 쫓겨 나게 되지만 그는 포기하지 않는다.
> 아프리카 다른 나라로 가서 병원에서 또는 시골로 순회하며 사랑으로 환자들을 수술하고 치료한다. 그뿐 아니라 아이들을 말씀으로 양육하기 위하여 피땀 흘려 모은 자신의 물질을 기꺼이 투자한다. 그가 57세의 늦은 나이에 만난 예수 그리스도가 너무나 소중하기 때문이다. 나는 이런 멋진 선교사를 알게 하신 하나님께 감사를 드린다.[135]

---

134 전희근, 『단기 선교에서 배우는 하나님 2』, 13.
135 "김인수 총장 전화 인터뷰", interview by 이성희, April 26, 2023.

나가는 글

1948년에 노벨 문학상을 수상한 엘리엇(T.S. Elieot)은 이렇게 말한다.

> 노인들은 탐험가가 되어야 한다.[1]

고향을 떠나 낯선 타국에서 지금까지 탐험의 삶을 살아온 디아스포라들에게 탐험가란 말이 낯설지 않다. 지금까지 자신을 위한 탐험가로서의 삶을 살아왔다면 이제는 시니어로서 남은 인생의 후반부를 예수 그리스도를 위한 복음의 탐험가로 사는 것은 진정 가치 있는 삶이 분명하다.

사례 연구에 기술한 김현영, 전희근, 신동수 선교사는 대표적인 황금기 선교사들이다. 이들은 자신들의 모든 삶이 하나님께서 이끌

---

1 T.S Eliot, "East Coker", *Complete Poems and Plays* (New York: Harcourt Brace Jovanovich, 1971), 129.

어 주신 선교를 위한 준비 과정이었으며 훈련의 과정임을 깨닫고 주의 부르심에 믿음과 순종으로 발을 떼었다. 이들이 뿌리고 물을 준 복음의 씨를 하나님께서 자라게 하시고 열매 맺게 하실 것이다. 또한, 이들의 발걸음이 모든 믿음의 시니어들에게 가장 소중한 후반부 인생을 열게 하는 동기가 될 것을 기대한다.

한국의 양화진 외국인 선교사 묘지[2]에 제1호로 묻힌 선교사는 J.W 헤론이다. 그는 1890년 미국을 떠나 낯선 조선땅에 와서 사역하다가 이질에 걸려 33세의 나이로 남한산성의 한 외딴집에서 별세하였다. 그의 묘비에는 이렇게 쓰여 있다.

> The son of God loved me and gave himself for me(하나님의 아들이 나를 사랑하시고 나를 위하여 자신을 주셨다).[3]

헤론 이외에도 양화진에는 아펜젤러, 언더우드를 비롯한 수많은 선교사가 잠들어 있다.[4]

---

[2] 양화진은 노량진, 동작진, 한강진, 송파진과 함께 서울의 오진이라고 불리운 나루터였다. 외국의 선교사들이 복음을 들고 들어오는 길이었고 전국을 향해 떠나는 길목이었다. 고종의 주치의였던 존 헤론의 별세로 인하여 양화진의 빈터에 그의 묘지가 세워졌고 그 이후 계속 선교사들이 안장되고 이장됨으로써 현재의 외국인 선교사 묘지가 이루어졌다.

[3] 신호철, 『양화진 선교사의 삶』 (서울: 양화진 선교회, 2005), 18.

[4] 신호철, 『양화진 선교사의 삶』, 16-298.

우리는 그들을 통하여 하나님 사랑을 받은 자들이다. 은혜의 빚을 진 그리스도인들이다. 교회의 본질이요 핵심인 선교의 책임을 짊어지고 노년의 삶을 카이로스의 시간으로 아껴야만 한다. 빌리 그래함 목사는 노년의 삶을 살아가는, 여전한 그리스도인들에게 이렇게 질문을 던진다.

> 우리는 모든 상황에서 기쁨으로 감사하며 살아가고 있나요, 아니면 우리의 이 땅에서의 남은 시간들이 우리 자신과 또 우리의 가까운 사람들을 불쾌하게 만들고 있지는 않나요?
> 우리는 주님을 향한 순종으로 다른 이들이 우리가 그리스도의 책임 있는 제자였음을 알게 하고 있을까요?
> 우리는 예수님이 우리의 귀향을 준비하고 계심을 확신하며 죽음에 대비하고 있나요?
> 우리가 우리의 목적지에 도착했을 때, 다른 사람들이 우리가 어디에 있는지 알게 될까요?
>
> (Are we joyfully giving thanks in all circumstances, or are we making our last years on earth unbearable for ourselves and those close to us?
> Are we obediently setting things in place so that others will know that we were responsible followers of Christ?
> Are we preparing for death with the assurance that Jesus is preparing our homecoming?

When we reach our destiny, will others know where we are?)[5]

이사야를 부르신 하나님께서는 여전히 우리를 부르신다.

내가 누구를 보내며 누가 우리를 위하여 갈꼬? (사 6:8)

하나님의 부르심에 이사야는 대답한다.

제가 여기 있사오니 저를 보내소서 (사 6:8).

이 대답이 고백 되고 순종의 발걸음으로 이어지는 황금기 선교사들의 행렬이 이어지기를 기도하며 기대하며 기다린다.

---

5   Graham, *Nearing Home*, 69.

참고 문헌

Andrew, Walls F. 『세계 기독교와 선교운동』 (서울: 한국기독학생회출판부, 2018).

Banks, Robert. 『바울의 공동체 사상』 (서울: 한국기독학생회출판부, 2007).

Bosch, David Jacobus. 『변화하고 있는 선교』, 김정길·장훈태 옮김 (서울: 기독교문서선교회, 2010).

CGN AMERICA. "The부르심-노래에 살고 사랑에 사는 삶" CGNTV, October 6, 2017. https://youtu.be/33W4hvSWY9s.

Eldred, Ken. 『비지니스 미션』, 안정임 옮김 (서울: 예수전도단, 2006).

Eliot, T.S. "East Coker", *Complete Poems and Plays*. New York: Harcourt Brace Jovanovich, 1971.

Engen, Charles Edward van. "선교의 성경적 신학적 기초(Biblical and Theological Foundation of Mission) Pt700 강의안" 2018. Presbyterian Theological Seminary in America.

_____. 『하나님의 선교적 교회』, 임윤택 옮김 (서울: 기독교문서선교회, 2014).

Erin Duffin. "Share of Old Age Population (65 Years and Older) in the Total U.S. Population from 1950 to 2050" Statista Inc. Last modified September 20, 2020. Accessed April 1, 2023. https://www.statista.com/statistics/457822/share-of-old-age-population-in-the-total-us-population/.

Factsadnddetails. "Hmong in America" Facts And Details. Last modified October, 2022. Accessed April 12, 2023. https://factsanddetails.com/asian/cat66/sub417/item2742.html#:~:text=They%20are%20found%20mainly%20in,Paul%2C%20Minnesota.

GKCTV. "선교사 인터뷰 신동수 선교사", GKCTV, January 2, 2015.

Glasser, Arthur F. 『성경에 나타난 하나님의 선교』, 임윤택 옮김 (서울: 생명의말씀사, 2006).

GMAN 선교방송. "미션 365 남수단 신동수 선교사", GMAN, January 28, 2015.

Goodnewsusa. "내가 만난 예수님", 2016. https://youtu.be/gStYUPtzKfA.

Graham, Billy. *Nearing Home,* Nashville: Thomas Nelson, 2011.

Greenblog. 『아프리카 지도』 (서울: Greenblog, 2021).

Gruran, Steve, and Marvin K. Mayers. *Cultural Anthropology: A Christian Perstective* Grand Rapids: Zondervan Publishing House, 1979.

Hauerwas, Stanley. 『그리스도 안에서 나이듦에 관하여』, (서울: 두란노, 2021).

Hengel, Martin. *Between Jesus and Paul*. London: SCM Press, 1971.

Jung, Blessing. "우간다 선교를 다녀와서", 「베데스다병원 소식지」, (베데스다병원. 2020) Accessed April 19, 2023. https://www.ubf.org/sites/ubforg/articles/1589507627.pdf.

Koch, Ralph D. Winter and Bruce A. *Finishing the Task: The Unreached Peoples Challenge*. International Journal of Frontier Missions, 2023. Originally published as Perspectiveson The World ChristianMovement.

KOSIS(통계청). "기대수명(0세 기대여명) 및 유병기간 제외 기대수명(건강수명) 추이", KOSIS. Last modified December 6, 2022. Accessed December 6, 2022. https://www.index.go.kr/unity/potal/main/EachDtlPageDetail.do?idx_cd=2758.

_____. "한국 재외 동포", KOSIS(통계청). Last modified September 29, 2022. Accessed March 30, 2023. https://kosis.kr/statHtml/statHtml.do?orgId=101&tblId=DT_2KAA215.

Loffler, Paul. "Conversion in an Ecumenical Context", *The Ecumanical Review 19, no.3:252-60* (1965).

OECD. *Life Expectancy at Birth*, 2018.

Ollrog, W.H. *Paulus Und Seine Mitarbetier*, Neukirchen-Vluyn: Neukir-chener Verlag, 1979.

Picirilli, E. Robert.『사도 바울』, 배용덕 옮김, (서울: 도서출판 솔로몬, 1986).

Pierson, Paul Everett. 『기독교 선교운동사』, 임윤택 옮김, (서울: 기독교문 서선교회, 2009).

Pocock, Michael. *The Changing Face of World Missions*, MI: Baker pub group, 2005.

Pocock, Michael, Galvin Van Rheenen, and Douglas Mcconnell. *The Changing Face of World Missions*, (Grand Rapids: Baker Academic, 2005).

Reed, Lyman E. *Preparing Missionaries for Intercultural Communication*, (C.A: William Carey Library, 1978).

Rowley, H.H. *The Missionary Message of the Old Testament*, (London: Gilling and Sons Publisher, 1955).

Sarna, Nahum M. *Genesis (the Jps Torah Commentary)*, Philadelphia: The Jewish Publication Society, 2001.

Schnabel, J. Eckhard 『선교사 바울, 선교의 원리, 선교의 전략과 방법』, 정옥배 옮김, (서울: 부흥과 개혁사, 2014).

shoestring. 『과테말라 지도』 (서울: 신발끈, 2023).

Stan, Nussbaum. "Goads on Globalization", *Connections* (June, 2004).

Stevens, R. Paul. *The Other Six Days; Vocation, Work, and Ministry in Biblical Perspective*, V.A: Eerdmans Publishing, 1999.

Terry, J. Mark. 『선교학대전』, 방동섭 외 옮김, (서울: 기독교문서선교회, 2003).

Thiselton, C. Anthony. 『살아 있는 바울』, 윤성현 옮김, (서울: 기독교

문서선교회, 2011).

Verkuyl, Johannes. *Contemporary Missiology*, Grand Rapids: Eerdmans, 1978.

Williams, Joel F. and William J. Larkin Jr. *Mission in the New Testament: An Evangelical Approach*, New York: Orbis Books, 1998.

Winter, Ralph D, Steven C. Hawthorne, 한철호, 『퍼스펙티브스 1』, Vol. 1. 2 vols. (고양: 도서출판 예수전도단, 2011).

강병도 편집. 『호크마 종합주석』, Vol. 1. 8 vols. 서울: 기독지혜사, 1997.

강영모 외. 『카리스 종합주석』, Vol. 13. 20 vols. 서울: 기독지혜사, 2002.

검색, 위키백과. "Un발표 나라별 평균수명", Wikipedia. 2018. Accessed January 31, 2023. https://ko.wikipedia.org/wiki/%EA%B8%B0%EB%8C%80%EC%88%98%EB%AA%85%EC%88%9C_%EB%82%98%EB%9D%BC_%EB%AA%A9%EB%A1%9D.

고광석. 『개혁주의 선교신학과 문화론』 (서울: 도서출판 엔크, 2018).

권나라. "의료 선교 영역의 담 허물어야", 「기독일보」 (October 9, 2009), Accessed April 24, 2023.

김상근. "더글라스 크리스티(Duglas Christie)와 존 로우(John Lowe)의 초기 의료 선교 이론", 「신학논단 39집」 2005.

김성. "시내산의 지리적 위치에 관한 연구", 「구약논단 1」, no. 10 (2001): 27-42.

김성욱. "Bam 선교의 이론과 실제", 「선교와 신학 제 32집」 (2013).

김영민. "모세와 바울의 선교사적 삶과 사역을 현대 선교사들에게 적용 방안", 총신대학교 목회신학전문대학원, 2020.

김용식.『디아스포라 인 브라질』(서울: 윌리엄케리, 2009).

김인수. "김인수 총장 전화 인터뷰 자료", interview by 이성희, April 26, 2023.

김정준. "21세기 한국사회와 노인목회의 새로운 과제와 방향",「기독교 교육 논총」no 50 (06/30 2017).

_____. "21세기 한국사회와 노인목회의 새로운 과제와 방향",「기독교 교육 논총」NO 50 (제 64회 한국실천신학회 정기학술세미나) (05/27 2017): 155-99.

김정한. "북미주 한인교회의 선교 동원에 관한 연구", Fuller Theological Seminary, 2018.

김종성.『하나님의 선교사 A to Z』(서울: 두란노, 2014).

김진영. "미주 한인교회 총 2천 798개, 2년 새 658개 감소",「기독일보」 (January 5, 2022). Accessed February 8, 2023.

_____. ""한국 교회 신뢰한다" 21% … 3년 전보다 10.8%P↓",「기독일 보」(February 2, 2023), Accessed February 6, 2023.

김해진. "고령화 시대, 선교 현장을 섬기는 교회, 교회를 섬기는 선교 현 장", Paper presented at the KPM 미래전략 포럼, October 19, 2017.

"김현영선교사 인터뷰". interview by 이성희, La Habra. April 10, 2023. Zoom.

김현영 · 이덕주. 『아메리칸 드림을 넘어서』 (P.A: PGM.꿈디라, 2020).

노충현. "코로나19 직격탄, 선교사 '3중고'에 시달린다", 「기독신문」 (May 27, 2020), Accessed February 6, 2023.

뉴스, 아멘넷. "미국 교회가 고령화되고 있다", *USA Amen* (November 3, 2021), Accessed April 1, 2023.

뉴저지실버선교회(SMF). '뉴저지실버선교회 웹페이지', 뉴저지실버선교회(SMF), Last modified Feruary 3, 2023, Accessed April 5, 2023. https://www.njsilvermission.org/blank-16.

미주 한국일보. "'선한 사마리아인의…' 신동수 지음", 「미주한국일보」 (April 10, 2013).

박종오. "고령 인구 900만명 돌파 … 노인을 위한 한국, 어떻게?", 「한겨레신문」 (September 29, 2022), Accessed September 10, 2023. https://www.hani.co.kr/arti/economy/economy_general/1060660.html.

방동섭. 『십자군이 아니라 십자가 정신입니다』 (서울: 이레서원, 2001).

배희숙. "구약에 나타난 디아스포라 선교", 「선교와 신학」 16 (2005).

선교사(GMAN), 김정한. "김정한 선교사 황금기 선교사학교 인터뷰 자료", interview by 이성희, March 4, 2023.

세계전문인선교회(PGM). "세계전문인선교회(Pgm) 웹페이지", 세계전문인선교회(PGM), 2023, Accessed April 5, 2023. https://www.pg-musa.org/.

소영섭, "선교 단체와 시니어 선교", 「한국선교 KMQ」 (2018년 겨울호,

통권 68호), 15.

"신동수 선교사 인터뷰". interview by 이성희, 2023, L.A.

신호철.『양화진 선교사의 삶』(서울: 양화진 선교회, 2005).

아가페성경사전편찬위원회.『아가페 성경사전』(서울: 아가페출판사, 1991).

안승오, 박보경.『현대선교학 개론』(서울: 대한기독교서회, 2008).

안현상. "아브라함의 이동 경로", Last modified October 5, 2006, Accessed March 27, 2023. https://m.cafe.daum.net/ybc.com/J4cB/9?listURI=%2Fybc.com%2FJ4cB.

윤상진.『플랫폼이란 무엇인가?』(서울: 한빛비즈, 2014).

이복수. "의료 선교의 중요성과 21세기 전망", 고신대학교, 2000.

이상명.『성서인물에게서 듣다: 신약』(서울: 홍성사, 2013).

This entry was generated through inserting an Artwork citation for 이성희,「꼬반 지역의 총체적 선교」, Artwork references should appear only in the notes. Remove field codes in the final document and then remove this entry.

이승문. "원시 그리스도교공동체의 효과적인 선교 전략과 아브라함의 이미지들",「대학과 선교」, no. 15 (2008).

이승호. "중심 도시 선교-동역자 선교-교회 선교",「선교와 신학」16 (2005).

이한영. "구약과 선교",「성서마당 신창간 15호」(September, 2007).

이현모. 『인생의 후반전은 시니어 선교사로』 (죠이선교회, 2007).

이현진. "한국 정부 발표, 미국 한인 수 263만 명", Corolodo Times (October 14, 2022), Accessed April 1, 2023.

이훈구. "모세의 디아스포라 선교 전략", 「복음과 선교」 10, no. 2 (2008).

장성배. "총체적 선교를 위한 한 전략으로서의 실버 선교", 「신학과 세계」, no. 78 (2013): 291-331. http://www.dbpia.co.kr/journal/articleDetail?nodeId=NODE02378393.

전호진. 『선교학』 (서울: 개혁주의신행협회, 2004).

전희근. 『하나님이 누구세요』 (서울: 생명의말씀사, 2000 https://mall.durano.com/m/view/item_detail.asp?itm_num=2053501265.

This entry was generated through inserting a Personal Communication citation for 전희근, "단기 선교 일정 자료". Personal Communication references should appear only in the notes. Remove field codes in the final document and then remove this entry.

_____. 『단기 선교에서 배우는 하나님 1』 (서울: 생명의말씀사, 1996).

_____. 『단기 선교에서 배우는 하나님 2』 (서울: 생명의 말씀 사, 2019).

"전희근 선교사 인터뷰". interview by 이성희, April 26, 2023, Zoom CA.

정석기. 『한민족의 디아스포라』 (서울: 쿰란 출판사, 2005).

정영희. "김현영·이덕주 선교사 부부, 『아메리칸 드림을 넘어서』 발간", 「미주한국일보」 (April 28, 2020), Accessed April 11, 2023.

정용암. 『도널드 맥가브란의 개종신학』 (서울: 기독교문서선교회, 2021).

제자원편집위원회. 『그랜드 종합주석』, Vol. 1. 20 vols. (서울: 제자원, 2004).

_____. 『옥스포드 원어성경대전』, Vol. 106. 110 vols. (서울: 제자원, 2000).

채은수. "신약성경 저자들의 세계선교지평(Ⅰ)", 「신학지남」 77, no. 2 (2010).

최, 준. "일평생 선교에 몸 바친 최찬영 선교사 별세", 「미주 한국일보」 (October 26, 2021), Accessed August 28, 2023.

최승현. "6개 주요교단 10년간 교인 통계", News&Joy (September 28, 2021), Accessed February 6, 2023. https://www.newsnjoy.or.kr/news/articleView.html?idxno=304740.

최철희. 『인생 이모작 시니어 선교』 (서울: 코람데오, 2014).

편집국. "목사에 대한 신뢰도 어디까지 추락", 「미주 한국일보」 (January 31, 2023), Accessed January 31, 2023.

편집자, ctmnews. "바울의 고향 다소", CTMNEWS. Last modified March 22, 2023. Accessed March 27, 2023. https://ctmnews.kr/news/view.php?no=47&ckattempt=1.

하경택. "아브라함과 선교", 「선교와 신학」 29 (2012): 161-93.

한국선교연구원. "2021 한국 선교현황", 2022, Accessed February 6, 2023. https://krim.org/2021-korean-mission-statistics/.

한국전문인선교협의회. 『선교의 패러다임이 바뀐다』 (서울: 도서출판창조, 2000).

통계청. "고령 인구(65세이상) 비중", 서울: 통계청, 2022.

한규무. "미국남장로교 한국선교부의 전남지역의료 선교(1898-1940)", 「남도문학연구 제 20집」 2011.

한정국. "왜 미전도 종족(Unreached People) 선교인가?: 크리스천 사역자가 가야 할 길 제시", *TORCH TRINITY Journal 22*, no. 1 (2019).

해외한인장로회총회. 「해외한인장로회헌법」: KPCA, 2016.

호성기. "'빵과 복음을 함께' … 전인적 선교로 과테말라 복음화", 「국민일보」 (June 10, 2021), Accessed April 11, 2023.